「気づいて」
「ほどいて」
「放っておく」
人生を軽くする
シンプルな本質

考えすぎないコツ

曹洞宗徳雄山建功寺住職
枡野俊明

東洋経済新報社

はじめに

不安があるのは、生きている証拠。不安が全くない人がいるとしたら、死んでしまった人だけでしょう。また不安は、避けるべき危険を察知するためのサインの役割も果たします。それは人間が生まれ持った習性であり、私たちが生きるために必要なものでもあるのです。

つまり、不安や悩みのない人は、いないのです。

しかしながら、その不安をむやみに大きくしてしまう人と、小さくとどめておける人がいるのも、また確かなことです。2人の違いは、どこにあるのでしょうか。

それは、**不安を転がす人と、不安を転がさない人の違い**です。

不安というものは、雪だるまに似ています。はじめは、手のひらにのる程度の小さな雪玉かもしれません。しかし、それを雪の上で転がしているとみるみる膨らんで、両手でも抱えられないほどの大きさになる。そこがもし坂道だったら、人間ひとりの力では、もう止めようがありません。

不安も同じです。

例えば、社長との面談を前に「どんな話をすればいいのかな。社長に失礼のないようにしないと」、メールを送信した後に「相手が気分を害するようなことがなければいいけど」。

このぐらいの不安なら誰にだって心あたりがあるでしょう。また、前もっていくつか話題を用意しておく、相手と直接話をして様子を見るなどの対策を事前に講じれば、それで済む話です。

ところが、考えすぎてしまう人たちは「ああなったらどうしよう、こうなったらどうしよう」と際限なく考え続けてしまう。これが**「不安を転がしている」状態**です。あれこれ考えなければいいと頭ではわかっているのに、考えないではいられない。一度坂道を転がりはじめた雪だるまを止められない。こうなると、身も心も重たくなる一方です。1つや2つの不安ならまだ辛抱できるかもしれませんが、心配性の人というのは一事が万事です。ついには、他人の日常の些細なことにまで不安を感じて、やらなければならない仕事が手につかなかったり、人の目ばかりを気にしたり。余計な不安を抱えず、ただ前を向いて生きる。それだけのことができなくなってしまうのです。

では、どうしたら不安を転がさないでいられるのでしょう。

それは「今、この瞬間」を生きることに尽きます。

不安の出どころについて考えてみてください。不安とは、**今よりも少し先の未来を思い煩うから生じる**もの。現実には何も困ったことは起きていないのに、「ああなったらどうしよう、こうなったらどうしよう」と余計な気を回すから不安になるのです。

人間の頭は「今、この瞬間」のことだけを考えて生きるには、少し賢すぎるのだと思います。

しかし、そこで生じる不安には実体がありません。言うなれば、妄想、思い込み、取り越し苦労の類です。

私は過去に『心配事の9割は起こらない』というタイトルの本を執筆しましたが、人生とは思いのほか「なんとかなる、どうにかなる」もの。そうした不安が的中することはほとんどないのです。

それならば、「今、この瞬間」をひたすらに生きることです。何が起こるかわからない未来のことは横において、今この瞬間、自分がいるその場所で、できることを精一杯やる。

「残り1割の心配事が的中したらどうするんだ」

そう言いたくなる方もいるかもしれませんが、大丈夫です。いざその時がきたら「今、この瞬間」に集中できるに決まっているからです。

例えば、家が火事になった。燃え上がる炎を前にしたら、必死で逃げるか、消火活動をするか、いずれにしても「今、この瞬間」のことで頭が一杯になり、不安など感じる暇はありません。

そして、そんなときにこそ人間はものすごい力を発揮するもの。火事場の馬鹿力とは、**「今、この瞬間」を全力で生きる人間の「なんとかする」力**のことをいうのでしょう。

私が本書を通してお伝えしたいのは、不安を転がさずに生きるための禅の教えであり、「今、この瞬間」を生きるための禅の教えです。

例えば、禅に伝わる「丹田呼吸」はいい訓練になります。「ふう〜〜〜」と息を長く吐いて、それからゆっくり息を吸い、息をおへその下まで落としていく。心が乱れているときは、呼吸も乱れているもの。しかし反対に、呼吸を整えることで、心が整い、不安を遠ざけることができます。

また「禅即行動」という禅語は、「とにかく今すぐ動きなさい、今すぐ動けば不安は消える」という教えです。

以前、私のお寺に元ひきこもりの青年が掃除にきていたことがあります。一度は就職したものの人間関係に悩んで退職。それから部屋に閉じこもって考え事をしているうちに、身動きがとれなくなってしまったそうです。

しかし、暑い時も寒い時も掃除をして汗をかくうちに、心をとらえていた不安が和らいでいき、半年もしないうちに社会復帰できました。**考えることは大切、けれども、動くことも同じぐらい大切。**文武両道の言葉の通り、文と武、頭と身体がバランスよく働かなければ、人は前に進めません。

不安を転がさず、「今、この瞬間」を生きる。それができたら、人生の9割は所詮《しょせん》小さなことなのです。

合掌

令和六年十二月　吉日

建功寺方丈にて　枡野　俊明

考えすぎないコツ　「気づいて」「ほどいて」「放っておく」人生を軽くするシンプルな本質　目次

1章

禅とは「気にしすぎな人」のための教え
～はじめから「強い人」はいない

2章

生活を整える
～どうでもいいこと、小さなことにくよくよしない

3章

自分は何を望んでいるのか、何を恐れているのか
～自分の思い込みに「気づく」、そして、「ほどく」

4章

お金や老後の不安を解消する
~何も足さずに豊かになる

5章

「心配するな、大丈夫、なんとかなる」の魔法の言葉たち

1章

禅とは「気にしすぎな人」のための教え

～はじめから「強い人」はいない

○良寛さんは、コミュ障だった？

人はもともと弱いもの。それでいいじゃないか（良寛）

かつて「叩かれて、這い上がる」ことがもてはやされた時代がありました。

しかし今はそうではありません。

「叩かれたら潰れてしまう」時代です。個性を大切にする教育のもとで大事に育てられてきた人たちが多く、ちょっとしたことですぐに心がつまずいてしまう。そういう人が世のなかの圧倒的多数だと思うのです。

「そんなのおかしい、人間は強くあるべきだ、逞《たくま》しくあるべきだ」と申し上げたいわけではありません。

むしろ逆です。

そうした**弱さこそ人間の本質**ではないか。人間はもともと弱いのではないか。そんなふうに考えてみたいのです。

禅には「人はもともと弱いもの」だから「修行によって自分を律しないといけな

い」という考え方があります。名僧とうたわれるあの人もこの人も、強いか弱いかでいったら弱い人ばかり。**世間一般の価値観からみて勝者か敗者かと尋ねられたら、敗者ばかり**かもしれません。

良寛さんもそんな名僧のひとりです。子どもたちと鬼ごっこや鞠つきをして遊んだ、かくれんぼをすると子どもたちが帰ってしまっても隠れ続けた等、親しみや懐かしさを感じさせる逸話で知られます。

良寛さんはまた、自分の弱さをみつめ、弱さと共に生きた僧侶でもあります。

神職の家に生まれ、父親は村の名主で、学問にも明るい。良寛さんは、子どもの頃から何不自由のない暮らしを与えられて、そのまま出世する道を歩むかに思われました。ところが良寛さんはそうした境遇から逃げるようにして出家するのです。勝ち負けを競うのが苦手で、動作はのろく、昼間につけた明かりのようにぼんやりとして、役に立たないことから「昼行灯《あんどん》」といって笑われる始末。結局「とうてい自分に名主は務まらない」といって弟に譲ってしまいました。

そんな良寛さんですから、お寺での修行にも苦労したようです。岡山の倉敷にある円通寺で11年間修行をしたのですが、当時を回想して「乃《すなわ》ち一人だに識らず（人と馴染めなかった）」と書き残しています。朝晩の坐禅以外の時間も「独参」といって、師である国仙和尚の部屋にいき教えを乞うたとありますから、全身全霊で修行に打ち込むあまり、「なんだい、あいつ」と白い目で見られたのかもしれません。

人と馴染めない心痛を和らげるため呼吸を整え、感情を整えようと努めるのですが「磨けども磨けども煩悩が湧いてくる自分に情けなさを感じて涙した」とか。その頃には、半ばノイローゼのような状態になっていたのでしょう。

それでも良寛さんは、国仙和尚から道元禅師の『**正法眼蔵**《しょうぼうげんぞう》』の講義を受けて悟りを得ました（翻身の機）。すなわち、坐禅は悟りに至るための修行ではなく、**坐禅修行そのものが仏の実践**であり、坐禅している間は煩悩もすべて削ぎ落とされて無心の境地に至っていると気がついたのです。

良寛さんはのちに円通寺を出て全国を行脚し、最後は越後に帰りました。それも自分の寺を持たず、国上山《くがみやま》の五合庵という粗末な庵で、質素な暮らしを続けるのです。近隣の村人と老若男女の隔てなく接し、和顔《わげん》と愛語を絶やさなかった良寛さん。まるで「人はもともと弱いもの。それでいいじゃないか」と、私たちに問いかけているかのようです。

ところで、この時代に良寛さんは面白いことをしています。人との話し方、接し方について、気づいたことを「戒語」として紙に書き、庵の鴨居などに貼り、自分の戒めとしていたのです。戒語はどれも短いのですが、その数は90個にもなります。例をいくつかあげましょう。

- **子どもをたらす**（手なずけたり、ご機嫌をとって子どもに好かれても仕方がない）
- **あなどること**（相手を軽んじるのは品位に欠ける）
- **好んで唐言葉を使う**（無闇にカタカナ（外来語）を使うのは滑稽でしかない）
- **悟り臭き話**（大悟していないのに悟ったかのような話しぶりは鼻につく）
- **くれて後人にそのことを語る**（人にあげたものについていつまでも話すのは執着である）

これは私の想像でしかありませんが、良寛さんは、円通寺でも五合庵でも、人々との人間関係に思い悩んでいたのではないでしょうか。しかし良寛さんは愚直すぎるほど愚直でした。コミュニケーション下手に悩む現代人が話し方教室に通ってトーク術を磨くようにして、一つひとつ、人との接し方を学んでいったのだと思います。

自分の弱さを認めつつも**「だからしょうがないじゃないか」と開き直らず、それを自分の成長の糧とした**良寛さん。はじめから「強い人」はいない。弱さを受け入れるからこそ、強くなれる。良寛さんの生き方はその証左といえそうです。

○西行さんは、煩悩まみれだった？

いつの間にか、長い迷いから覚めて、
万事に不動の心を持つことができるのだろうか（西行）

西行は、平安時代末期から鎌倉時代初期にかけて生きた僧侶です。由緒ある武家に生まれ、武士として鳥羽院に仕えたあと、妻子を捨て出家しました。

出家の理由は定かではありませんが、そのなかには「高貴な女性との恋愛にやぶれた」等、煩悩を抱えた人間の弱さを感じさせる説も。また『西行物語』という書物には、出家するさいに4歳の娘を縁側から蹴りおとしたというエピソードも書かれており、**人間的には「かなり問題あり」**と言わざるを得ません。

付け加えると特定の宗派に属さなかったことも当時としては変わっています。今風にいうなら「フリーランス」の僧侶として、西行は自らの道を切り開いていきました。出家後の人生は自由そのもの。高野山に庵を構え、自然のなかで隠者のように暮らしたかと思うと、町に降りてきて人々と飲み交わす。そうしてひとしきり楽しんだあとは、また山のなかへ帰っていくのでした。

その後西行は「歌」に出会い、その魅力に取り憑かれていきます。西行は歌人としての才覚に恵まれていました。今日でも、僧侶としての西行よりも、花や月を愛した歌人としての西行のほうが、日本人には馴染みがあるかもしれません。生涯に230

0首以上の歌を残し、歴史の教科書にも登場する『新古今和歌集』にも西行の歌が94首選ばれています。西行は特に、桜についての歌を多く詠みました。

吉野山　こずゑの花を　見し日より　心は身にも　そはずなりにき

たぐひなき　思ひ出羽《いでは》の桜かな　薄紅の花の匂ひは

一方で、西行は煩悩に苦しんだ人でもあります。

「いつの間にか、長い迷いから覚めて、万事に不動の心を持つことができるのだろうか」と願いながら、西行は現世への執着を捨てきれず、旅を愛し自然に親しみました。

歌を詠むこともまた、西行にとっては修行の一つだったのかもしれません。「歌はすなわち如来の真の姿なり。されば一首読んでは一体の仏像を彫り上げると思い、秘密の真言を唱える思いだ」。西行は仏様を一つ彫るにも等しい思いを、一つの歌に注ぎ込んでいました。晩年に詠まれ、西行の歌のなかでも特に有名な

願はくは　花の下にて　春死なむ　その如月《きさらぎ》の　望月の頃

という歌にも、「釈尊が入滅した季節の満月の日に、春の満開の桜の下で死にたい」という強い願望が込められています。

誤解なきようにしたいのですが、**煩悩といっても全部が全部悪いとは思いません。**

「私が、私が」といった自我に執着する気持ちばかりが強いと、他人と自分を比較し、「それに引き換え自分は……」と、嫉妬、劣等感、恨み、怒り、憎しみといったネガティブな想念が生まれます。

しかし「もっとよくなろう、成長しよう」という前向きな意欲は、人生をよりよいものにする強い力になるでしょう。

たとえ僧侶であっても、生きている限り煩悩を捨てきれる者などいません。いいえ、煩悩こそが生きている証だといってもいいでしょう。西行は、煩悩に迷いながら、それ故に悟りを求めたのです。

そのような西行が、晩年を山中で過ごしたことには、意味があると思います。それは質素で、簡素で、日本的な「わび、さび」のある暮らしでした。現代的な感覚からすれば、「何もない」暮らしであり、満たされない暮らしのようにも感じられるでしょう。その満たされないところに西行はあえて身を置きました。

山中の庵ではきっと、小鳥の声や虫の音を楽しみ、肌をくすぐる風の心地よさを味わい、木々の葉が美しく色づくのを愛でることができたはずです。

「何もない」ことは、貧しいことでも寂しいことでもない、むしろ心を豊かにするものです。欲望を刺激するあれこれに囲まれながら、どこかしら満たされない思いを抱えているのが、私たち現代人。ときには、そこから離れる時間を持ちたいものです。

○一休さんは、空気を読めない人だった？

心配するな、大丈夫、なんとかなる（一休）

一休宗純《そうじゅん》の臨終の言葉は「死にとうない」であったと伝わっています。

悟りを開いた名僧の言葉とはとても思えませんが、この人間臭さが一休禅師の魅力ともいえます。禅とは「ありのまま」の自分を生きることを説くもの。ならば一休さんほど、禅の精神を体現した人はいないかもしれません。

一休宗純の幼少期をモチーフにしたテレビアニメ『一休さん』（1975〜1982）をご記憶の方もいるかもしれません。数々の困りごとを見事解決する「とんち」と、「あわてないあわてない、一休み一休み」というセリフで、一休は当時の子どもたちの間でも有名になりました。

実在の一休さんも、日本で最も親しまれている禅僧のひとりです。ただ、アニメのイメージと違うのは、とんちより「風狂」の人だったということ。当時の仏教では禁じられていた飲酒や肉食、恋愛も大好き。77歳のときには美しい旅芸人「森女《しんにょ》」と出会い、同棲していたほどです。さらには、「釈迦といういたずら者が出てきて世の中を迷わせた」とお釈迦さまですら揶揄したと言われているのですから、相当です。一休さんの生涯は、破天荒という言葉がふさわしいものでした。

一休さんが他の禅僧と大きく違うのは、後小松天皇の落胤《らくいん》（私生児）だと伝えられていることです。天皇という強力な後ろ盾があり、自らが大きな権威を持っていた。周囲はいつも一休さんを特別扱いしたことでしょう。

その特別扱いを誰より嫌ったのが、当の一休さんです。

こんな逸話が残っています。

応仁の乱により、臨済宗大徳寺派の大本山である大徳寺が灰燼《かいじん》に帰した後、一休さんは皆に懇願されて大徳寺の住職になりました。すると堺の商人たちに協力を仰ぎ、見事に大徳寺を復興させるのですが、復興を見届けた一休さんは「はい、やーめた」とばかりにすぐに住職を辞してしまうのです。

当時、一休さんは81歳。晩年になっても権威に縛られることを嫌い、自由な生き方を追求する一休さんの姿勢は、現代でも共感を呼ぶところでしょう。

一休さんは、**庶民と共に悩み苦しんだ反権力の人**。一休さん独特の人を食ったようなユーモアにもどこか温かみが感じられるのは、そのせいかもしれません。例えば、お正月にどくろを杖に乗せて「ご用心、ご用心」と呼びかけて歩いたり、「門松は冥土の旅の一里塚　めでたくもあり　めでたくもなし」（めでたい門松だが、新しい年がくれば1つ死が近づくから、門松は死への旅の一里塚のようなものだと思えば、めでたくはない）という歌を詠んだり。おそらくは「だから、今を懸命に生きるより仕方がない」と伝えたかったのでしょうが、その伝え方が型破りです。

とにかく**お坊さん＝清廉潔白なイメージとは程遠い**一休さんは、逸話に事欠きません。

こんな話もあります。

87歳まで生きた一休さんは、亡くなる直前に弟子に手紙を託しました。「本当に困ったことになったら開けなさい」。その数年後、弟子たちが手紙を開けると、そこに書かれていたのは「心配するな、大丈夫、なんとかなる」。皆、お腹を抱えて笑ったそうです。

普通「なんとかなるさ」と言われても、「なんだい、人の気も知らないで」と腹が立つところではないでしょうか。しかし、一休さんが深刻ぶらずに「心配するな、大丈夫、なんとかなる」と言ってくれたと思うと、目の前があかるく開けた気がしてくるから不思議です。そうして心が軽くなると頭もまわり、「今、何をしたらいいか」を前向きに考え、行動できるようになります。

どれだけ困った事態に陥っても、その解決に向けて行動しているうちは、不安を感じることもありません。つまり、不安は自分の心が作り出したものであり、自分次第で不安は消せる。そのために、禅はしつこいぐらいに「今、この瞬間」を生きなさい、今を生き切りなさいと説くのです。

裏を返すと、不安というものは「将来」を思い煩うから膨らんでいくのです。ここで思い出すのは、禅宗の初祖である達磨《だるま》大師と、弟子の慧可《えか》のエピソードです。慧可が「私の心はいつも不安で不安で仕方がありません。この不安をどうか取り除いてください」と訴えました。すると達磨大師は言いました。「よしよし。取り除いてあげるから、その不安とやらを私の前にもってきなさい」。そう言われて慧可は、**不安に実体がなく、将来を心配してばかりいる自分の心がつくり出した**ものだと、気がついたのです。

ありのままの自分として今を生きれば、何も怖いものはない。そうであるのに最期は「死にとうない」なのですから、残された者は「おい、言っていることとやっていることが違うだろう」と言いたくなったかもしれませんが、それも一休さんらしさ。

「ありのまま」に生きるとは、そういうことです。

○白《はく》隠《いん》禅師は、うつ病だった？

一度死んだら、二度死なぬ（白隠）

「一度死んだら、二度死なぬ」とは、江戸中期の禅僧、白隠禅師の言葉です。日本で禅が生まれたのは、親兄弟が殺し合うような時代、死が身近にあった鎌倉時代のことです。死の気配を濃厚に感じながら、人はどう生きればいいのか。特に武士は、自分の生きる拠り所を模索しました。

禅は、そのとき「今、この瞬間」をひたすらに生きることを説きました。白隠禅師の「一度死んだら、二度死なぬ」という言葉が意味するのも同じことでしょう。人は一度しか死なないのだから、その**死を迎えるまでの間を必死に生きるしかない**。だから「生き切れ」。白隠さんはそう言っているのだと思います。

それは戦国の世に限ったことではありません。生きているうちは生き切ること以外に人間にできることなどないのです。過ぎてしまった後悔も、まだ起こってもいない未来についての不安も、考えたって仕方ない。そんなことをすれば、不安が不安を呼び、心を蝕んでいくでしょう。

ひとつ息をするこの瞬間にも、全力を注ぐことです。そうすれば、余計な思いに囚われることはありません。たとえ死が目の前に迫っていても、です。

さて白隠さんについてはもう1つ、日本で初めて「健康本」をベストセラーにした人、という側面にも触れたいと思います。

白隠さんは、江戸時代にあって異例の長生きで、84歳まで生きました。じつは禅僧の多くが長生きです。一休宗純は87歳まで生きましたし、現代において各宗派の貫首になるのも、80代や90代になってからです。70代でも「あの人、若いね」と言われるぐらい、禅僧は知力、体力が衰えません。おそらくは、質素な食事や、心を落ち着ける坐禅の習慣などが功を奏しているのでしょう。

白隠さんも、亡くなる寸前まで講話をしました。多い時には700人もお寺に集めて、ひと時も休まずに語り続けたといいますから、そのエネルギーたるや、途方もないものがあります。その活力がどこからくるのか。白隠さんがいうには、仙人から教わったという「軟酥《なんそ》の法」と「内観の法」に、秘密があります。どちらも、禅に伝わる丹田《たんでん》呼吸に基礎を置いた、一種の健康法です。

そもそも、白隠さんがこの健康法を体得したのは、若い頃の病気がきっかけです。15歳で出家した白隠さんは、それから各地で修行を重ねて、24歳のときに越後の高田にある英巌寺《えいがんじ》に入門しました。英巌寺で坐禅に励んでいるさなか「暁の鐘を聞いて大悟した」と資料にはあります。ところが、当時のお師匠である性徹《しょうてつ》和尚は、そんなものは大悟ではないと認めなかったとか。その悟りを本物にするべく訪れた信州の正受老人《しょうじゅろうにん》（道鏡恵端《どうきょうえたん》）にしごかれ、殴られ、蹴飛ばされ、縁側から突き落とされ、へとへとになった翌日、白隠さんはようやく悟りを得たのです。

おそらく、こうした厳しい修行が「禅病」を招いたのでしょう。現代の僧侶も、修行をしていてうつ状態になることがあります。

白隠さんは、自身の精神の異変について、こう記しています。

「悲しむころは心火ひそかに逆上し、肺金痛み、水分枯渇し、覚えず難治の疾病を発す。挙措動静驚悲《きょそどうじょうきょうひ》多く、身心怯弱《しんしんきょうじゃく》にして両腋《りょうえき》常に汗を生ず。鍼灸《しんきゅう》薬の救うべきところにあらず」。要するに、耳からはいろんなものが聞こえてくる、目からは涙が止まらなくなる、体中が火照って熱くなって、呼吸するのも苦しい、という状態ですから、尋常のものではありません。

これがなかなか治らず、難渋した白隠さんですが、そんな折に、京都の白幽子という仙人から授かったのが「軟酥の法」と「内観の法」でした。これにより、白隠さんは禅病から回復したのです。以来、白隠さんは雲水たちにも自分の体験を話し、彼らを禅病から救いました。73歳のとき、自分の体験を『夜船閑話《やせんかんわ》』という一冊にまとめると、これが現代まで読みつがれるロングセラーに。「健康」という言葉もこの本と共に普及したとされているぐらいですから、世に数多ある「健康本」の嚆矢《こうし》と言えるかもしれません。

「私は、この健康法のおかげで84歳まで生きられた」と断言する白隠禅師。その「軟酥の法」と「内観の法」については、215ページで解説します。

2章

生活を整える

~どうでもいいこと、小さなことにくよくよしない

○心は「呼吸」で整える
――白隠禅師の呼吸法を学ぶ

呼吸。心を整えるのに、これほど簡単で、誰もが実践できる方法はありません。白隠禅師も注目した、丹田《たんでん》呼吸法を学びましょう。

カッとなったとき、イライラしているとき、クヨクヨしているとき、ドキドキしているときのことを、思い出してください。

頭のなかでどれだけ **「落ち着いて、落ち着いて」と言い聞かせても、心はもとの状態には戻りません。** 心臓の鼓動は速くなり、手足には汗がにじみます。呼吸は浅くなり、ハッハッハと短く呼吸がつづいて、胸が苦しくなってきます。

そのままにしておいたら、ますます心は乱れていくでしょう。では、どうするか。呼吸で、心を整えます。

何も考えずに「ふう〜〜〜」と息を出来るだけ長く吐いてください。呼吸とは、呼（はいて）から吸（すう）もの。身体のなかで淀んでいる悪い気を出し切るイメージで、ゆっくり、最後まで吐きましょう。

息を吐き切れば、「吸おう、吸おう」と頑張らなくても、新鮮な空気が自然に入ってきます。

呼吸はそのときの心の状態と深く結びついています。心が乱れると呼吸も乱れるもの。しかし反対に、**呼吸を整えることで、心も整うのです**。この性質を知り、利用すれば、つまらない出来事で心が揺さぶられる心配はなくなります。

「**平常心是道**《びょうじょうしんぜどう》」。いつも穏やかで静かな心でいる大切さを説く禅において、呼吸法はなくてはならないものです。

禅には「**調身**《ちょうしん》、**調息**《ちょうそく》、**調心**《ちょうしん》」という言葉もあります。姿勢を整え（調身）、呼吸を整え（調息）ると、心も整う（調心）という意味です。言葉ではなく、姿勢と呼吸で、心を整える。これは「坐禅」の基本でもあります。

まずは調身です。横から見て背骨がS字を描き、尾骶骨《びていこつ》と頭のてっぺんが一直線になるのがいい姿勢とされます。姿勢がいいとお腹までストンと息が落ちていきます。

調息は、丹田呼吸（腹式呼吸）を整えることをいいます。丹田を意識しながら、経験の豊富な人は、一分間に3、4回程度のペースでゆっくりと腹式呼吸を繰り返します。初心者は、無理のない形でゆっくりと腹式呼吸を行えば結構です。

丹田とは、おへその下2寸5分（75ミリ）のところにある部位のこと。昔から日本人には丹田と心を繋げる発想がありました。

「腹を据える」「腹が立つ」「肝が据わっている」といった言葉は、そんな日本人らしい表現ともいえます。剣道や柔道の経験者なら、「丹田に力を入れて打ち込みなさい」と教えられた覚えがあるのではないでしょうか。

この呼吸は、いつしても構いません。

「今、落ち着きを失っているな」と感じたら、その場の感情に振り回されておかしなことをしでかす前に、まず呼吸です。

わずかな時間でも、丹田呼吸ができれば、強張った心は緩み、一時は心を覆い尽くさんばかりだったイライラ、クヨクヨ、ドキドキも気にならないほど小さくなるはずです。

贅沢をいうなら、坐禅を朝晩1回ずつの習慣にできたら申し分ありません。朝の坐禅はその日一日を健やかに過ごす準備のために。夜の坐禅は安眠を妨げる悩みや不安を心から追い出すために行いましょう。

正しい呼吸は、例えるなら**船の「錨《いかり》」**のようなものです。感情の大波にどれだけ揺さぶられようと、錨を下ろせば私たちの心が転覆することはないのです。

考えすぎないコツ

感情に振り回される前に、まず呼吸

○不安は「転がさない」
——ひたすらに「今」を生きれば不安は消える

不安や心配ごとは、雪だるまに似ています。

「ああなったらどうしよう。こうなったらどうしよう」。そんなふうに、ひとたび転がり始めると、**どんどん膨れ上がっていき、コントロールが効かなくなる**からです。

やがて不安が私たちを囚え、心を押しつぶしてしまうかもしれません。

例えば、未来のトラブルに備えようとすると、きまって気持ちが暗く重くなるのは、そのせいです。

「もし、次の発表で失敗したら、どうしよう。上司の期待を裏切ったら、何を言われるかわからない」

「もし、このまま熱が下がらなかったらどうしよう。もしかしたら、悪い病気なのかも?」

「コロナが収束しても、客足が戻らない。このままじゃ、自宅のローンも払えなくなってしまうよ」

よくよくみれば、それらはすべて、まだ現実には起きていないことであり、実体のないものです。まだ困ったことは何も起きていないのに、それを「先取り」して心配しているわけですから、言い換えれば、**どれも妄想、思い込み、取り越し苦労の類**にすぎません。

しかし、実体がないからこそ、見る人の心がけ次第で際限なく膨らんでしまうともいえます。「幽霊の正体見たり枯れ尾花」のことわざの通りです。なんでもこわごわ見ていたら、枯れたススキが幽霊のように恐ろしいものに見えるのです。

禅で言う「囚われている」状態がこれです。

そんなとき、「何事も、やってみないとわからないよ」と言って不安をはねのけられたらいいのですが、実際はどうでしょうか。

繊細な人ほど、あれも心配、これも心配と多くのことに気づくはず。それに、不安という感情は悪いものではないのです。むしろ、生き物である限り、なくてはならないもの。不安がなければ、トラブルを未然に防ぐことも、敵から身を守ることもできないでしょう。ですが、不安が行き過ぎては、何をするにも足がすくみ、身動きがとれなくなってしまいます。

では、どうしましょう。

不安を感じるのは、いいのです。ただし、**それを「転がさない」こと**。「ああなったらどうしよう、こうなったらどうしよう」ではなく、「この心配ごとを解決するために、今○○をしよう」と考える方向に、頭を切り替えてみてください。

例えば、試験に落ちたあとのことを想像するのではなく、試験合格のため「今」するべき勉強に向かうこと。過去のけんかを悔やむのではなく、仲直りのために「今」何を話すべきかを考えることです。

同じ力を使うなら、雪だるまを転がすのに使うのではなく、心配の芽を摘むために使いましょう。

不安は決して転がさない。

これは、未来をいたずらに憂えるのでもなく、過去を悔やむのでもなく、「今、この瞬間」に意識を向けることでもあります。

「**即今《そっこん》・当処《とうしょ》・自己《じこ》**」という禅語を覚えておきましょう。即今とは「今この瞬間」、当処は「自分がいる場所」、自己は「自分が」という意味です。

今この瞬間、自分がいるその場所で、できることを精一杯やる。私たちは、常に何らかの不安を抱えながら生きています。人間である限り、それは避けられないことなのでしょう。問題は、あまりに小さなことに囚われたり、**自分の力では解決のしようもないことにまで不安を感じ、一度きりの人生を無駄にしてしまう**ことです。

つまらないことに囚われて、今自分がなすべきことに手をつけられないようでは、いけません。そんなことをすれば「やるべきことをやらない」ことで生じる不安が、転がりはじめることでしょう。

願わくば、「やるべきことはやり切った」という充実感を胸に生きていきたいもの。それができるのは、不確かな将来でも、変えようのない過去でもなく、今この瞬間を全力で生きる人だけです。

どうか、覚えておいてください。**不安の9割は小さなことであり、あなたの心がつくりあげた妄想**にすぎません。

繊細な方ほど、「即今・当処・自己」。その妄想は、ただひたすらに「今」に生きることで、消えていくでしょう。

考え
すぎない
コツ

不安は先延ばしすると大きくなる

○朝から1日「禅即行動」

――どんな不安も「動けば消える」

不安が一番大きくなるのは、新しいことを始めるときでしょう。うまくいくだろうか。失敗したらどうしようと考え出すと、もう止まりません。

その最たる例が「ひきこもり」の人たちではないでしょうか。周りにどう言われるか、どう見られるかばかりが気になり、身動きがとれなくなっています。しかし、ひきこもりの人たちだけではないのです。**どんな人も、何か始める前には不安を感じるもの**ですし、また、リスクマネジメントと称して、そうした不安の種をあらかじめ把握しておくのが「賢い」とされる昨今です。反面、不安の種を完全に取り除くまでは安心できず、「動けない」ようではいけません。「石橋を叩いて渡る」ことができればいいのですが、叩き続けるばかりで一歩を踏み出せない。これは現代人に共通する傾向でしょう。

しかし、前述の通り、そうした不安の9割は小さなこと。「即今・当処・自己」を心がけることで不安は消えていきます。

禅は、そこからもう一歩踏み込んで、「とにかく今すぐ動きなさい、今すぐ動けば不安は消える」と説きます。

これを「**禅即行動**《ぜんそくこうどう》」といいます。

例えば、朝から寒い日に出かけるのは誰だって嫌なものです。「風が冷たいのかな」「雨まで降ったらいやだな」と想像しだすと、布団から這い出ることすらかないません。しかし、ひとたび外へ出てしまえば、風が冷たいからマフラーをする、雨が降っているから傘をさす等、現実的な対処を粛々とこなしていくのみ。不安を感じているひまなど、なくなってしまいます。

一歩踏み出すのも心配だというなら、「半歩」だけでも結構です。あれこれ先のことを心配する前に、動いてみること。不安の種があるなら、それを取り除く方向で動けばいいだけの話です。「動かずじっと悩んでいる」状況から脱し、ひとつひとつ行動に移せば、気持ちに弾みがついて、案外簡単に問題が解決してしまうかもしれません。

私にも身に覚えがあります。「今日はこの原稿を仕上げなくては」と思っているうちは重たい腰があがりませんが、「3行だけでも書こう」と思うとなんとか書き始めることができるのです。面白いのは、それで3行だけ書き終わっても「ここでストップ」とはならないこと。もう勢いがついているので、そのまま難なく書き進められます。

さらにいえば、その日一日を不安なく生きられるかどうかは、一日の始まりである朝を「禅即行動」で過ごせるかどうかにかかっています。

参考までに、私の朝の習慣をご紹介します。

私の起床は朝4時半。「よし！」と気合をひとついれて、温かい布団から飛び出ると、部屋の窓やお寺の門、戸を開け放ちます。清廉な朝の空気を室内に取り込むためです。そうして、窓際で朝日を全身に浴びながら、大きく深呼吸すると、冷たく新鮮な空気が身体の隅々まで行き渡るのを感じます。起床して朝日を浴びるまでわずか数分ですが、その日一日を禅即行動で過ごす準備が整います。

朝4時半起きは無理でも「今より15分早く」（出来れば30分）起きてはいかがでしょう。それだけで**気持ちに余裕が生まれますし、不安をはねのける力も湧いてきます。**

そして、ぜひとも朝の「掃除」をしてください。

「一掃除《いちそうじ》、二信心《にしんじん》」。最初にやるべきは掃除であって、信心はそれが済んでからという言葉があるぐらい、禅は掃除を大切にします。なぜなら、掃除と心の状態は、密接に関係しているからです。部屋の埃《ほこり》や塵《ちり》を払うことは、私たちが生きているうちに心に積もった埃、つまり妄想、思い込み、執着などを払うのと同じ。部屋をきれいに磨き上げれば、私たちの心もまた、生まれたままの輝きを取り戻すのです。

「出勤前に、悠長に掃除なんてしてられない」と言う人は、今朝は机の上だけ、明日は水回りだけといった具合に掃除する範囲を限定しても結構です。ただし、短い時間であっても「**心を込めて、丁寧に**」掃除をしてください。あなたが磨いているのは、何よりも大切な自分自身の心なのですから。

朝から禅即行動。これができれば、清々しい気持ちで1日を始めることができます。そんな1日を積み重ねれば、一生が変わる。そう思いませんか。

考え
すぎない
コツ

掃除は、妄想、思い込み、執着も払う

○「露《ろ》」で付き合えば疲れない

――「ありのまま」が結局強い

仏教の考え方のなかに「**諸法無我**《しょほうむが》」というものがあります。

世のなかのすべての物事は繋がりあっていて、単独で成り立つものは1つもない。これは現代に生きる私たちにもすんなり納得のいく考え方でしょう。家族、友人、会社の同僚、地域の人々などを大切にするのは、私たちがそうした**誰かに生かされ、誰かを生かしてもいる存在**だからです。

一方で、そうした他人との付き合いが、さまざまな苦しみを人生にもたらしていることも認めないわけにはいきません。人に理解してもらえない寂しさや孤独、人に裏切られたときの怒りや悲しみ、人の成功を目の当たりにしたときの嫉妬や焦り。これらはすべて、人間関係に起因します。

と同時に、そうした感情を表に出すことも、トラブルのもとです。「あの人が嫌いだ」といった些細なひと言が、人間関係を壊してしまった経験はあなたにはないですか。また「親しき仲にも礼儀あり」で、たとえ相手が家族など親しい間柄であっても、なんでもあけすけに言葉にすればいいというものでもありません。

こうして私たちは、人間関係を良好に保つためにと、本来の自分を「仮面」で隠すことを覚えていきます。

よき友人、よき同僚、よき母親（父親）等、さまざまな仮面を使い分けながら、トラブルを避けて生きていく。それは、人間関係をおだやかにするための一つの知恵であり、社会人として不可欠なふるまいかもしれません。

しかし、1日24時間たえず仮面をかぶり続けていたら人はどうなるでしょう。ありのままの自分を生きることができず、厳しい言い方をするなら**「偽りの人生」を強いられる**のです。禅が説く、「今この瞬間に、自分がいるその場所で、できることを精一杯やる」という生き方とは、言えません。

それに、相手が10人いたら10人の異なる自分を演じないといけないのだとすると、人生はあまりにも窮屈です。繊細で、周囲の目を察知するアンテナが敏感な人なら、なおのこと。生きているだけで心をすり減らしてしまうはずです。

ときには、ありのままの自分をさらけだす時間を持つことです。

「**明歴々露堂々**《めいれきれきろどうどう》」という禅語があります。すべてが隠すところがなく、明らかに現れている、という意味です。思えば「自然」とはまさにそのようなものです。野山に生きる動物たちは、あるがままの姿で、そこに生きています。

人間もそのように、ありのままの姿で生きたらいいのです。

おそらく、私たちが仮面をかぶるのは「いい人」と思われたいからではないでしょうか。悪く思われたくない、人間関係のストレスを回避したい。そう考える人が性別や年齢を問わず増えている印象があります。

確かに、仮面があることで避けられるストレスは少なくないと思います。ですから、私も、仮面をすべて捨てよと申し上げるつもりはありません。

ですが、**いい人の仮面をかぶっていると、いよいよ自分の露が出せなくなります。**素直な感情が出せないのですから、心は死んだも同然。また相手の顔色をうかがうばかりで、他人にとって「都合のいい」人になってしまっては、自分自身の人生を生きることができません。人間関係のストレスを回避しようとするあまり、別のストレスを抱え込むことになるのです。

「それで人に好かれるなら構わない。何事もなく過ごせるなら、それでいい」と、繊細なあなたは言うかもしれません。しかし、仮面をかぶるということは、相手次第で態度を変えるということ。そんな人が本当に愛され、信用され、いい人間関係を築けるでしょうか？

少しずつで結構です。「いい人」の仮面を脱ぎ、ありのままの自分を生きる練習をはじめましょう。学校や会社では露になれないというなら、家族を前にしたときだけでも心を開いてみてはどうでしょうか。長い間寝食を共にしながら、隠そうとしても隠しきれないものがある、それが家族というものです。

大切なのは、10人に対し10の仮面を用意するのではなく、本来の自分1人で10人と付き合うことです。

それは「相手の気持ちを慮《おもんぱか》らず、好き勝手に話せばいい」という態度では全くありません。「私はこういう人なんです」「○○は苦手です。でも、○○は得意です」等々、自分の露を明らかにしながら、周囲と良好な関係を築く努力を続けること。

誰かに生かされ誰かを生かす関係のなかで、自分と他人を大切にすること。それができれば「いい人」の仮面などいりません。ありのままのあなたが輝くのです。

考え
すぎない
コツ

ありのままの自分をさらけだす時間を持つ

○ただ聞く、何度も聞く
――観音様はアドバイスをしない

友人や家族が悩んでいるとき、愚痴をこぼしているとき、あなたならどうしますか。きっと戸惑いながらも、何か助けになれないかと知恵を絞ることでしょう。

しかし簡単にはいきません、くわしい事情を知らないうちに「小さなことで悩むなよ」などと突き放したり、見当外れのアドバイスをしようものなら、二度とあなたを頼ってはくれないでしょう。

よく知られているように、人が悩んでいるときに必要としているのはまず「聞き役」です。「何か助けになれないか」と思いながらも発言は控え、まずは相手が求めていること、伝えようとしていることに耳を傾けるのが先決です。なぜなら、**人は誰もが自分のことを知ってもらいたい、本心を理解してもらいたい**と願っているからです。

しかしながら、仮に話上手な人であっても、もやもやとしている胸のうちをわかりやすく表現できるとは限りません。そんなときに、聞き上手な人を相手に話をすると、心のなかが整理されるのでしょう。「悩みを聞いてもらうだけで、ずいぶん楽になりました」ということが、しばしば起こります。

では、どうしたら、聞き上手になれるのでしょう。新聞記者やニュースキャスターではないのですから、会話をリードしようと、鋭い質問を連発したり、会話を楽しく盛り上げたりする必要はありません。

お手本は、観音菩薩（観音様）です。

「観音」とは、相手の心の声を聞くという意味があります。つまり観音様とは、相手の心のうちを推し量り、悩みに耳を傾ける仏様のこと。それ以外何かをしてくれる仏様ではないのに、日本で一番慕われている仏様でもあります。

観音さまが体現しているものを、禅では「同事《どうじ》」といいます。これは、相手と同じ立場に身を置き、**喜びも悲しみも自分のものとして理解する**、という意味です。

例えば、親友が仕事で失敗して落ち込んでいるとき、無責任に「大丈夫だよ」などと慰める前に、やることがあります。それは、

「自分なら、こんな時どんな言葉をかけてもらいたいだろう」

と、相手の心のうちを想像することです。また、相手の話を遮らずに最後まで聞くことも大切ですが、

「おれだって、そんな目にあったら落ち込むよ」

「あんなに頑張ってたのに、辛いよな」

などと、ときに共感したり、ときに言葉を補ってあげるのも聞き役の務めでしょう。

そうして相手の気持ちを我がことのように感じていると、相手も「こんなに親身になって話を聞いてくれるなら」と警戒を解き、本心を打ち明けてくれるときがやってくるかもしれません。

しかし、人の心というものは、他人が思うようには動かないものです。聞いても聞

いても本心がわからず、もどかしく思うこともあるでしょう。

それでも、焦りは禁物です。「人間とは、そういうものだ」「人に簡単に話せる悩みなら、とっくに解決している」と思うぐらいで、ちょうどいいと思います。

善意から何かアドバイスをしたいと思ってもこらえてください。繊細なあなたなら、身に覚えがあるかもしれません。

「話を途中で遮られると、うんざりするな」

「自分の意見を押し付けてくる人とは、距離を置きたい」

人が悩んでいるとき求めるのは、ああしろ、こうしろと解決策を上から押し付けられることではなく、**「今、この瞬間」の自分が理解され、受け入れられること**ではないでしょうか。おのれの欲せざるところ、人に施すことなかれ。あなた自身にも、人からされて嫌だったことがきっとあるでしょう。それを「しない」と心がけるだけでも心と態度は変わります。

それに、人々が自らの悩みについて話すときというのは多くの場合、はっきりした形ではないにせよ、ある程度の「答え」を持っているものです。あるカウンセラーの方が、こんなことをおっしゃっていました。

「私たちにできることといえば、悩める人が自分の力で答えにたどり着くお手伝いだけ。そのために、聞き続けること（傾聴すること）だけです」

然り、です。ひたすら聞いて、聞いて、それで何も出てこないようなら「また今度聞かせてね」と提案し、時間をおけばいいだけの話。一度で足りなければ、二度、三度と聞いてみる。そうして、相手が自ら答えにたどり着いた後に「どうしたらいいと思いますか？」などと意見を求められたときに初めて、口を開く。それで十分です。

心に観音様を住まわせましょう。あなたには、それができるはずです。

考え
すぎない
コツ

悩みを聞くより、本心を聞くまで堪える

○「居場所」をそだてる

――一息ついて、自分を取り戻す

人は群れる生き物です。

SNSの登場をまつまでもなく、人は人と繋がり、集団に所属することで仲間をつくり、安心を得て暮らしてきました。そしてまた、「孤独」を寂しいもの、避けるべきものだとする気持ちも、群れをつくる理由のひとつでしょう。

ただ、禅においては孤独＝悪いものとは考えられていません。後で詳しく触れますが、自分と向き合い、自分の生き方を見つけるには、一人静かに過ごす孤独が絶対に必要だからです。

それに、群れといっても「どんな群れでもいい」というわけにはいきません。

特に、多くの人が必要としているのは、**自分の「居場所」**ではないでしょうか。

居場所。そう聞いて、あなたが思い浮かべるものは何ですか。

ここでいう居場所とは、身体が存在している場所というより、心の「拠り所」のことです。安心してありのままの自分をさらけだすことができ、またそんな自分が許され、受け入れられていると思える空間や、人間関係。そんなところでしょう。

1日の大半を過ごす家庭や職場が居場所であるなら、それに越したことはありません。しかし、現実はどうでしょうか。

「仕事にかかりきりで、家庭を顧みなかった。今では家のなかで孤立している」といった悲しい話を耳にすることもあります。職場にいけば、数字を求められるプレッシャーにさらされますし、上司やライバルたちの視線だって気になります。こうして、どこにいても「露」になれる時間を持てないとなると、心は重たくなるばかり。誰にも打ち明けられないでいる思いの丈を、吐き出したい。そんなとき、人は「自分の居場所がほしい」と望むのです。


とはいいながら、居場所をつくるというと、どうしても「家庭か、職場か」になってしまうのは、困ったものです。家庭と職場を往復する生活に慣れ切り、それ以外の場所との接点が、薄くなりがちです。

無理もないことだと思います。職場にしても、そこは生活に必要なお金を稼ぐためだけの場所ではありません。そこには生きがいがあり、仲間がいます。「仕事こそ人生、会社がすべて」であると考える人も少なからずおられるでしょう。それでも、競争の場でもある職場が「**安心してありのままの自分をさらけだすことができる**」場所になるかというと、現実的には難しいはずです。

家族だって、何年一緒に暮らしていようと、血が繋がっていようと、他人であることには変わりありません。狭い空間のなかで「逃げられない」という問題もあります。干渉されたり依存されたりの度が過ぎて、「心を守るだけで精一杯」という方のお話も聞きます。


であれば、家庭と職場の外に目を向け、「居場所づくり」に出かけることです。例えば、将棋が好きなら将棋教室に通ってみたり、地域の催しに参加してみたり、そんな小さなところから始めてみましょう。どんなコミュニティにも馬が合う人、合わない人はいるはずですが、趣味にせよ地域にせよ、共通の話題が1つあるだけで、人付き合いは格段に楽になります。

それから、ぜひ大切にしていただきたいのが、学生時代の仲間です。

卒業して以来ほとんど会っていない、連絡もとっていないという人も少なくないでしょう。それでも一度会ってしまえば学生時代にタイムスリップしたように「おい、おまえ」「なんだよ」で呼びあえる関係に戻れるのが、同級生というものです。たとえ社会的な立場が変わろうと、価値観がズレようと、それでも裸の付き合いができる気安さはほかでは得られません。若い方にはピンとこないかもしれませんが、お約束します。歳を重ねるごとに同級生の有り難みがきっとわかります。

一般的には、男性より女性のほうが居場所づくりが得意であるように思います。趣味のサークルに参加したり、育児を通じて地域の人たちと繋がったりと、自分から家庭と職場の外へ出ていくことに、比較的ためらいがありません。これに対し男性は、定年を迎え、会社の人間関係を失ってはじめて居場所さがしを始める人が大半です。だから慌てるのです。仕事も趣味も友人もなく、一人ぼっちになった夫は妻にべったり。いわゆる「濡れ落ち葉」のできあがりです。

「定年後なんてはるか先だよ」と思う方も、今すぐ居場所づくりを始めて早すぎるということはありません。第一「安心してありのままの自分をさらけだせる」場所など、そう簡単には見つからないでしょう。

「ここにいると、ほっと一息つけるな」

最初は、そう思えるだけで上出来です。それを大切に大切に、時間をかけて、自分の居場所へと育ててゆくことです。

考え
すぎない
コツ

生き方を見つけるには孤独が必要

○ムカついても「放っておく」

――「ありがとさん」を3回唱える

私たち禅僧は「**非思量**《ひしりょう》」になることが大切だと教わります。

非思量とは、とらわれているものをなくし、心を無の状態にすることです。イライラもクヨクヨも、頭を空っぽにすれば消えゆくのみ。理屈としては、そういうことになります。

「でも『何も考えてはいけない』と思えば思うほど、考えてしまうんです。消そう消そうとしても、邪念で頭がいっぱいになるんです」

確かにその通りです。例えば「明日までに仕上げないといけない重要書類のことは絶対に考えないでください」と言われたら、その書類のことばかり思い浮かぶはず。それは、イタズラするなと叱られた子どもがかえってイタズラしたくなるのと同じ理屈です。イライラクヨクヨしたくない、穏やかに生きたいと思えば思うほど、イライラクヨクヨが長引くのも、こうした心の働きによるものなのでしょう。

第一、人間ならば、イライラするのもクヨクヨするのも当然のこと。喜怒哀楽によって大きく心が揺れるのも、また当然のことです。そうでなくては、生きる喜びも、人間としての成長も味わえません。感情は、人間が生きている証そのものです。

ただし、そうした感情に心が囚われ、余計な不安や心配を抱えるようでは、いけません。せめて感情の揺れの幅を小さく、**一度揺れてもすぐにニュートラルな状態に戻す**よう努めましょう。

では、どうするか。一つは「**放っておく**」ことです。

つまり、頭に思い浮かんだ邪念を無理に振り払おうとしないこと。心に浮かんできた感情や考えには触らず、そのままにしておきましょう。さまざまな邪念が頭に浮かんできても、そのまま「ああ、邪念が浮かんでいるな」と感じるだけでよしとします。

そのうちに、邪念が少しずつ薄れていくのに気がつくはずです。

例えて言うなら、私たちの心は、静かな水面です。そして一時の邪念は、水面に投じられる石です。石は水面をかき乱し、たくさんの波紋をつくるでしょう。このとき、波立つ水面を鎮めたいと思ったところで、人間にできることはありません。できるのは、ただ放っておくことだけ。しかし心配はいりません。もう間もなく、静かな水面が戻ってくるでしょう。

ただし、黙って「放っておく」ことなどできそうにないときも、あります。瞬間湯沸かし器のように「ムカッ！」ときて、今にも爆発寸前、そんな場面です。私自身、若い頃はケンカ腰の相手をうまくあしらえず、怒りにまかせて相手の土俵にのぼってしまったことがありました。

そんなときはどうすればいいでしょうと、私が心から尊敬する高僧、板橋興宗《いたばしこうしゅう》禅師さんに尋ねたときのことです。「すぐに反応してはいけないよ」と禅師さん。そしてこう続けました。

「**ありがとさん、ありがとさん、ありがとさん**と、心のなかで唱えればいい」

よく「頭に血が上る」といいます。頭に血が上ると怒りが爆発してしまうのなら、腹にとどめておけばいい。そのためのおまじないが「ありがとさん、ありがとさん、ありがとさん」なのでしょう。怒りをコントロールするためのトレーニングである「アンガーマネジメント」の理論でも、「怒りの感情は6秒しか続かないので、6秒だけ我慢すれば、怒りがおさまる」とあります。

ムカッときたときは、「ありがとさん、ありがとさん。ありがとさん」。そう唱えながら、6秒だけこらえましょう。頭を空っぽにできるおまじないです。

考えすぎないコツ

クヨクヨしたくないと思うほど、クヨクヨは続く

コラム

みんな完璧ではない　名僧エピソード

世俗的なものを一切捨ててしまった一遍

「人は生まれた時も独り、死ぬときも独り。この世を人と暮らしても独りである」（一遍）

どれだけ家族や友人に恵まれていても、私たちはそれぞれが「ひとり」であり、どこまでいっても「孤独」である。禅にはそんな考え方があります。

時宗の開祖であり、念仏を唱えながら踊る「踊り念仏」を流布したことでも知られる一遍上人も、「人は生まれた時も独り、死ぬときも独り。この世を人と暮らしても独りである」という言葉を残しました。

また、２０２１年に亡くなった瀬戸内寂聴さんも、一遍上人の言葉に感銘を受けて「人は孤独です。孤独だからこそ、人と寄り添いますが、決して一緒に死ねるものではありません」と語っています。

一遍さんは、世俗的なものを一切捨て、ただ「南無阿弥陀仏」を唱えることを説く「捨聖《すてひじり》」でした。家族も衣食住も捨て全国を遊行し、晩年には「旅衣《たびごろも》木の根かやの根いづくにか身の捨てられぬ処あるべき」(木の根本でも茅の根本でも、どこで死んでも構わない)という和歌を詠んだほど。

ただ、一遍さんのいう「独り」は恐らく、現代人が思うほど悪いものではなかったろうとも思います。

なぜなら、禅においては、孤独は人として自然な状態であり、耐えるものでも、悲しむべきものでもなく、ただ「受け入れる」もの。寂聴さんも「最初から自分は一人だと思って、他人に期待しないほうが家族や友人ともうまくいく」と語っています。

さらに言えば、禅には「孤独であることを大切にしよう、一人でいることを幸いと考えよう」、そういう精神があるのです。

現代において、その感覚はあまり理解されないものかもしれません。SNSで多くの人と繋がっているのがよい、人と力をあわせるのがよい、おしゃべりをするのがよい。だから孤独は悪いこと、寂しいこと。そんな価値観が一般的ではないでしょうか。

確かに、人は一人では生きていけないと、私も思います。人は集団をつくる生き物であり、集団に属することで、心が安定するのも確かです。

しかしながら、ブラック企業のような集団のみならず、愛と尊敬に満ちた居心地のいい集団であったとしても、そこから「逃げられない」環境は苦しみのもとです。友人の輪から外されまいと1日に何十通もLINEのやりとりをするのがしんどい、と感じたことはありませんか？　社会となんの関わりも持たない「孤立」はよくないものだとしても、一人の時間がまったくないのも、人は息が詰まるのです。

人は本来一人である。しかし人は一人では生きていけない。この矛盾を解決するには、積極的に孤独を「価値あるもの」だと捉えることが必要だと思います。

例えば、家族や同僚に恵まれている幸せをかみしめられる時間は、その家族や同僚が横にいる時間ではなく、ふと一人きりになった時間のなかにあります。

また、自分がこれから歩んでいく道を見定めるためにも、孤独が必要です。人生の岐路に立ったとき、一人旅をする人がいるのはなぜか。それは、情報の洪水から距離をとり、一人静かに心の声に耳を傾ける時間が必要だからでしょう。

すなわち孤独とは、社会的な肩書や役割を手放し、本来の自分に立ち戻れる時間でもある。そうであるならば、孤独は悪いどころか、最高に贅沢なものだとは言えないでしょうか。

お釈迦様も「犀《さい》の角《つの》のようにただ独り歩め」といいました。これはまるで、お釈迦様なりの「孤独のすすめ」のようでもあります。

一遍さんのように、すべてを捨てる必要はないと思います。

多事多忙で旅行にいくのもままならない人も多いでしょう。しかし、例えば週末は自然の中を一人歩いてみるのもいい。美術館を一人訪れるのもいい。仲間と食べるランチも賑やかでいいですが、たまには一人で。そうした一人の時間のなかで私たちは、本来の自分を取り戻し、心身を回復させていくのです。そのような時間が、寂しいものであるはずがありません。

3章

自分は何を望んでいるのか、何を恐れているのか

～自分の思い込みに「気づく」、そして、「ほどく」

○「盛る」より「足る」で生きる

——自分は自分、他人は他人、それでいい

さまざまな情報が、その場にいながら入手できることで、私たちの暮らしは格段に便利になりました。一方で、困ったことも起きています。それは他人と自分の「比較」が容易になってしまったこと。「自分は自分、他人は他人」と頭では理解していても、自分よりお金持ちな人、自分より外見が美しい人、自分より仕事ができる人が目に入れば、平静ではいられません。「それに引き換え自分は……」と、嫉妬、劣等感、恨み、怒り、憎しみといったネガティブな想念が、首をもたげてくるのです。

「隣の芝生は青い」とは、よく言ったものです。

自分が手塩にかけて育てた庭がどれだけ素晴らしくても、隣の芝生のほうが青々と見えてしまう。第三者の目には大差がないのに、比べたら最後、**自分よりも他人のほうがよりよく見える**のです。

そのため、禅は「比較する」ことを強く戒めています。しかし、言うは易し、行う

は難しです。情報化社会が比較を強いているならば、ただ生きているだけでネガティブな想念に囚われてしまうといっても、言い過ぎではありません。

「人と自分を比べることで『頑張ろう、成長しよう』という意欲が生まれるんだ。何がいけないんだ」などと、比較することをポジティブに捉えようとする意見にも一理あると思います。

しかし、そうした人間の性質を利用しようとする勢力の強さを無視するわけにはいきません。「もう、これで十分」を許さず「頑張ろう、成長しよう」を強いて、ひたすらに利潤を追求する企業が一例です。

会社はそれで成長するのかもしれませんが、**そのなかで生きる人たちの息は、いずれ詰まってしまう**でしょう。

仏教には「少欲知足」という言葉があります。欲を小さくして足る（満足する）ことを知りなさいという意味です。

しかし現代を生きる人々は「足るを知る」どころか、「まだ足りない、まだ足りない」と追われながら、じりじりと消耗しているのです。

少欲知足が許されない社会は、「ありのまま」の自分の価値が認められない社会でもあります。SNS上で「盛る」のが当たり前になっているのが、その証拠ではないでしょうか。実際の自分よりも少しでも良く見てほしいから「盛る」のでしょう。しかし盛った自分はどこまでいっても仮想のものに過ぎません。

むしろ、盛ることで現実の自分とのギャップが生じて、新たな悩みの種が増えるわけですから、盛るは不幸の始まり、と言ってもよいでしょう。

ではどうしたらいいのか。答えは一つです。比較をやめ、盛ることもやめ、**自分以上でも自分以下でもない「ありのまま」の自分を生きる**ことです。

1日10分でも結構です。自分は、本当に生きたい人生を生きているのかと、自問自答する時間を持ちましょう。他の誰のものでもない、自分の人生を生きていると思えたなら、それだけで上出来です。他人と比較する理由など、どこにもありません。私たちに幸福をもたらすのは「盛る」ではなく「足る」のほうです。覚えておいてください。

お釈迦様も、ご臨終前の最後の教えとして次の言葉を残しています。

「足ることを知っている人は、たとえ地べたに寝るような生活をしていても、心は安らかで幸せを感じている。しかし、足ることを知らない者は、天上の宮殿のようなところに暮らしていても、満足ということを感じられない。足ることを知らない者は、どんなに裕福であっても、心は貧しい」

幸せになりたくば、「盛る」より「足る」です。

考えすぎないコツ

「頑張ろう、成長しよう」と思うのはいいが、それを利用する勢力には気をつける

○「徹する」と楽になる

――「あれも、これも」はもうやめる

「毎日あれも頑張れ、これも頑張ればかり。タスクの洪水に溺れてしまいそうです」

年齢は30代、働き盛りの男性がそう嘆いていました。

会社での責任はますます重くなり、より大きな成果をあげながら、部下の面倒までみないといけない世代なのでしょう。

それでいて、働き方改革の名のもとに指導されるのは「もっと休みなさい、早く家に帰りなさい」。

それでも一家の大黒柱として少しでも多くのお金を稼がないといけない。疲れた、でも子どもと遊んでやりたい。家族思いの父（母）でありたい。

昨今**「いい人」であろうとすると、これだけの量のタスクを背負い込むことになる**のです。しかし「あれも、これも」と複数のタスクが同時進行すると、人間の脳は疲れる一方です。

忙しい現代人は、いわゆる「マルチタスク」が常態化しています。例えば「昼休みになってもデスクで仕事をしながら食事をとる」などは、仕事ができるビジネスパーソンの姿のようにも見えます。しかし、マルチタスクほど、脳を疲れさせるものはありません。

実際のところ、複数のことを同時に処理しようとすると、かえって集中力や生産性が低下するのがおちです。人間の脳は、そもそもマルチタスクには向いていないと考えるべきでしょう。誰もができることではありません。

禅が説くのはマルチタスクの正反対、**ただ「ひとつ」に徹する**ことです。それができれば、あらゆる雑念が消えるからです。

例えるなら、100メートルを全力疾走するとき、あるいは、水のなかを泳いでいるときの感覚に似ているかもしれません。

身体を動かすのに精一杯で「今晩の献立は何にしようか？」なんて余計なことを考えないはずです。同じ要領で、仕事をするときは、ほかのことを一切考えず、仕事に徹する。食事をするときは食事に徹する。家族といるときは団らんに徹する。徹するだけで疲労感はぐっと軽減します。

会社で部下が報告にやってきたら、自分の手は必ず止める。

部下の目を見て、話を聞く。

休みの日はただ「休む」。

「この本、仕事に役立ちそうだから読んでみようか」もやめにしましょう。

どのようなタスクであっても必ず「ひとつ」ずつ、それだけに没頭することです。

「今はこれ」とひとつに決めたら、それがもたらす結果も考えません。

要するに「考えながら、やる」をしないことです。

「やる」と決めたら、ひたすらに「やる」のみでいいのです。「考える」と「やる」を混ぜてはいけません。あれこれ考えながら動くから、頭が疲れてしまうのです。

「喫《きっ》茶《さ》喫《きっ》飯《ぱん》」という禅語があります。お茶を飲むときは、お茶を飲むことに心を集中し、お茶そのものになりきった気持ちでいただくこと。

ご飯を食べるときも同様に、ご飯以外のことを考えず、ご飯そのものになりきるよう努めること。そんな意味です。職場でも家庭でも喫茶喫飯が大切です。どれだけのタスクを抱えていようとも、一度に取り組めるのは目の前にある１つだけ。そうであるならば、「あれも、これも」と心を乱さず、目の前にあるたった１つのタスクに徹するべきです。

喫茶喫飯の利点は「疲れない」だけではありません。喫茶喫飯はまた**「気持ちがいい」生き方のヒント**でもあります。

坐禅がいい例になるでしょう。何の指導も受けずに坐禅を組むと、足が痛くなったり、「集中しよう」と意識するほどに邪念が湧いてきたりして、少しつらい思いをするかもしれません。

しかし私たち禅僧にとっては、坐禅はとても心地がよいのです。深く集中していると時間が経つのを忘れるほど。鐘が鳴ったところでようやく「もうそんな時間か」と我に返ることもしばしばです。

同じように、なすべきこと一つひとつに丁寧に取り組めば、仕事だって楽しくなります。遊びだって、とことん遊ぶから時間を忘れられるのではないですか。

ただひとつに徹すること。それは禅が伝える、幸福への確かな道です。

考え
すぎない
コツ

1つのことに集中する、それが気持ちのいい生き方

○「心のなかの仏様」と話をする
――ジョブズが毎朝鏡に向かって語りかけたこと

アップル創業者のスティーブ・ジョブズは、禅の人でした。

若い頃から禅に強く影響を受け、自身の結婚式も仏式で執り行ったほど。乙川弘文《おとがわこうぶん》和尚という曹洞宗の禅僧に師事をしたことでも知られています。

そのジョブズが、毎朝のルーティンにしていたことがあります。それは、鏡に映る自分を前に、こう問いかけるというもの。

「お前が今日やるべきことは何だ。それは本当にお前が望んでいることか。他にやるべきことはないのか。もう一度、今日やるべきことを考えろ」

ジョブズが鏡を通して語りかけていたのは、**心のなかにいるもう1人の自分、すなわち「本来の自己」**です。

本来の自己とは、どんなものでしょうか。例えるなら、それは仏様のように清らかな心のことです。

「一切衆生《いっさいしゅじょう》　悉《ことごとく》　有仏性《ぶっしょうあり》」。仏教では、人間は誰しも、仏様のように一点の曇りもない心を持って生まれてくると考えられています。禅ではそれを本来の自己、あるいは仏性、真如などと、さまざまな呼び方をします。

ところが人間はしばしば、生まれ持った仏性を忘れてしまいます。なぜなら、人間は生きているうちに、さまざまな煩悩に囚われるからです。

妄想、執着、不安、怒り、妬みといった**負の感情がまるで「体脂肪」のように心を覆い、本来の自己が望む人生を見えなくしてしまう**。私はそれを**「心のメタボ」**と呼んでいます。

裏を返せば、仏教が煩悩を手放すことをすすめるのは、心のなかの仏様と、もう一度出会うためとも言えます。白隠禅師も「衆生本来仏なり」という言葉を残しました。私たちはもともと仏なのです。それを忘れてはいけない。おそらくジョブズは鏡を通して語りかけることで、自分のなかの仏様（本来の自己）を見つめ直し、嘘偽りのない人生、悔いのない人生を生きようとしていたのでしょう。

ジョブズほどの偉人であっても、仏様との語らいの時間がなければ、心のメタボに囚われ、自分が望むこと、その日やるべきことを見失ってしまうのだとするなら、いわんや私たちのような凡人をや、です。

私たちは「人生は一度きり」であることを忘れ、今日と同じ明日がやってくるものと信じ込んでいます。かといって最期の日がいつ訪れるかもわかりません。私たちにできることは、**今日という1日を悔いなく生きること**だけ。

そうして「今日で終わりでも構わない」と思えるような1日を積み重ねた果てに「やるべきことはやった。人生を生き切った」という納得が訪れるのでしょう。

だからこそジョブズは、毎朝自分に問いかけずにはいられなかったのだと思います。おまえは自分の人生を生きているのか。限りある命の1日を、生き切る準備はあるのかと。ジョブズにとって、「本来の自己」との語らいは自分の生き方を問い直す大切な時間でした。

翻って、あなたはどうでしょう。あなたには、「本来の自己」と向き合う時間があるでしょうか。心のなかにいる仏様は、私たちが生きていくための拠り所であり、心強い相談相手でもあります。あなたの心のなかにいる仏様は、今のあなたの生き方を見て何を思うでしょう。

人生が辛いとき、苦しいときは、何よりもまず、自分の心の声に耳を澄ませることです。誰かの意見の代弁でしかないメディアの言葉ではなく、あなた自身の声を聞くのです。その声は、**あなたの胸の奥にいる仏様が発する声**です。

坐禅の「坐」の字を見てください。上に「人」を2つ書いて、下に「土」。これは、今の自分と「本来の自己」が、土の上で坐禅を組み、語り合う姿です。私たちはいつ何時も、仏様と共にあるのです。

問題は「本来の自分と向き合う」時間が、なかなか取れないことです。忙しいせいばかりではありません。情報化が進んだ社会に暮らし、他人の様子ばかりを気にしていると、「本来の自己」の声は、雑念のなかにかき消されてしまいます。

どうか、ときには他人の顔色をうかがうのをやめ、「本来の自己」を気に掛ける時間をつくってください。今は、その声が聞こえないのだとしても、そこには確実に、生まれたままの姿をしたあなたがいるのです。

では、どうしたら自分のなかにいる仏様に出会えるのでしょう。それにはジョブズのように、心の脂肪を取り去る習慣を持つことです。脂肪に覆われたままの心に問いかけても、煩悩にまみれた言葉しか返ってこないはず。まずは、その体脂肪を取り去る必要があるのです。

ジョブズは鏡を使いましたが、私が使うのは「仏壇」です。仏様（故人）を前にして自分を偽れる人などいません。仏壇の前で手をあわせていると、自然と心が洗われ、生まれたときそのままの仏性が姿を現します。社会的な地位や肩書すらはぎとられて、素の自分があらわになります。

そのとき、こう自問自答してください。

「自分は、ありのままの自分が望む人生を生きているだろうか」

「自分が歩むべき道から、外れてはいないだろうか」

そんな自問自答をするのに、仏壇の前ほどふさわしい場所は見あたりません。

家に仏壇がない場合は、ご家族の写真、神社やお寺の御札などでもいいでしょう。それも難しければ、自分の尊敬している人の本や写真でも結構です。そこに身をおいたら決して嘘がつけない場所、神聖な場所をつくるのです。

この先、ありのままの自分を何度見失おうと、もう心配はいりません。仏壇の前にいけば、いつでも「本来の自己」に立ち返ることができるのですから。そのように自分のなかの仏様と対話をしていると、自分以上でも自分以下でもない、ありのままの自分の生き方が、身についていきます。
「自分の人生、これでいいんだ」やがては、そんな納得にたどり着くでしょう。誰が納得するのか。あなたの心に住まう仏様が、納得するのです。

考え
すぎない
コツ

心の脂肪を取り去れば、本来の自分に戻れる

○「主人公」になる

——仕事も人生も「ちょっと工夫」

「主人公《しゅじんこう》」。一般的には、ドラマやマンガなどに登場する中心的な人物のことを指し

ますが、実はこれも禅語です。
「**随処作主《ずいしょにしゅとなれば》　立処皆真《りつしょみなしんなり》**」という臨済禅師の言葉があります。すべての物事に対し「主体的」な自分でありさえすれば、真実の人生が得られる、人生が輝き出す。人生を人まかせ、成り行き任せにせず、生きたい人生を選ぶ。主人公として生きるとは、そういうことです。

「自分、『弱者男性』ですから」という方のお話を聞いたことがあります。

曰く、収入は少ない、容姿もよくない。学校でも会社でも、これといって褒められた記憶もない。このままでは結婚できるとも思えない。誰かに虐《しいた》げられていて社会の最下層にいる気がしてならない。救われたい。幸せになりたい。

そんな苦しい胸中を正直に明かしてくれました。禅僧として、この男性にどんな言葉をかけるべきか、私も悩みました。

さまざまなお話をしたのですが、ひとつ気になったこともお伝えしました。それは

「自分の人生はこんなもんなんだ」
「自分ではどうすることもできないんだ。努力しても仕方がないんだ」

とでもいうような「諦め」の気持ちが感じられたことです。まるで、自分が人生の「主人公」であることを忘れ、誰かの人生の「脇役」として生きているかのようです。

その男性だけではありません。私たちはしばしば**自分が主人公であることを忘れ、人生を見失いがち**です。

自分と他人を比較しては「収入が低い」「容姿が悪い」などと、ネガティブな想念を膨らませてしまうのも、そのためでしょう。仕事や家庭に忙しい人たちも、たくさんの用事に追われるばかりの「受け身」の人生を強いられがちです。

そういう人たちの特徴は「〜させられている、やらされている」という意識が強いことです。その意識を払拭しない限り、主人公にはなれません。

私が申し上げたいのは、あなたがどのような境遇におかれていても、主人公として生きることを諦めてはいけない、ということです。

あなたの人生は、あなたのみが生きているあなた自身の人生であり、絶対的なものです。他人の人生との比較など、はじめからできるはずがありません。

人と比べて才能があろうとなかろうと、心から「やりたい、好きだ」と思うのであれば一生懸命やればいい。自分流を貫いて生きればいい。

その結果がどうなろうと、さしたる問題ではありません。こうした態度でコツコツ努力を続けるうちに、収入の多寡や外見の良し悪し、友人や恋人の有無など、周りが押し付けてくるモノサシによる評価など、取るに足らないものだということがわかってくる、それがなにより大切なのです。

それに、才能の多寡にかかわらず、**自分にできることをコツコツ続けていれば、必ず結果はついてきます**。

「**大地黄金**《だいちおうごん》」という禅語を覚えておいてください。

自分がいる場所で、主体的に精一杯物事に取り組んでいけば、その場所が黄金に輝いてくるのです。自分を輝かせてくれる場所があるのではない、あなた自身がその場所を黄金色に変えるのです。

容姿にしても「自分では変えられない」と思うから、クヨクヨするのです。自分の周りを見渡してみてください。あなたが思う「いい顔」とはどんな顔でしょう。「目がパッチリしている」「鼻が高い」等、生まれつきのものもある一方で、生まれとは関係なく、輝くような「いい顔」もあるとは思いませんか。

「いつも堂々としていて、一緒にいると安心できる」

「あの人が笑うと、その場が明るくなるね」

そんな顔のことです。

いい顔とは、形が整っている顔のことではありません。内面の充実があきらかな顔のことを言うのです。それは、自分の生き方がつくるもの。主人公として、**その人だけの人生を生きることで、その人だけの味わいが顔に滲んでくる**のだと思います。

主人公としての生き方の真逆は「斜に構える」です。人生に対して真正面から取り組まず、「やらされている、させられている」という意識です。これでは不満がたまる一方、人生が輝くはずがありません。

仕事もそうです。主人公として生きようとするならば、自分の目の前にある仕事に没頭することであり、それ以外の道はないのです。

なかには、本意でない仕事を任されることや、スポットライトの当たらない、地味な雑用に不満を覚えることもあるでしょう。そのときも「雑用をやらされている」と思うと質の高い仕事はできませんし、第一面白くもなんともありません。

しかし「任された仕事なのだから自分のやり方で成果を出そう、自分の色に染めてやろう」と思って取り組めば、迷いは晴れますし、期待以上の成果だって出るでしょう。

例えば、いかにも退屈な「ホチキス留め」だってそうです。「どの位置に留めるとめくりやすい書類になるだろう」「左利きの人にわたす資料と、右利きの人にわたす資料、ホチキスの向きを反対にしてみようか」などと、ちょっとだけ工夫してみる。それだけで、退屈な雑用が、あなたの個性が発揮された、あなたの仕事に変わるのです。それができたら仕事は面白くなります。面白ければ、没頭できます。**没頭すれば、余計なことは、気にならなくなります。**

要は、人生も仕事も、主体的に、楽しんでやること。もっといえば「ちょっとだけ工夫する」。それができるなら、どんな境遇にいようとも、あなたは今ここから、主人公です。

考え
すぎない
コツ

才能があってもなくてもやればいい。
結果なんてどうでもいい

長所は「夢中」の隣にある

――見つけて磨けば光りだす

自分には長所がない。得意なものがない。ダメなところばかりだ。だから自信が持てない。人生に前向きになれない。そうお悩みの方が、本当に多いのです。

悩みの原因は明白です。

長所がないのではなく、**長所を「磨いていない」**のです。

「明珠在掌《みょうじゅたなごころにあり》」という禅語があります。どんな人もすでに宝物（仏性）を手にしている、という意味です。

つまり、人は例外なく長所を備えている。それは、間違いがないことです。例えば、他の人が10の努力をしないと身につかないことが5の努力をするだけで身についてしまう。あるいは、10の努力をするだけで20のものを手にできる。長所とはそのようなものです。

自分の長所短所がわかると、自分の生き方が定まり、迷いがなくなります。進路選択や職業選択などの岐路で、自分らしい人生を選ぶにあたり、大きな指針になるはずです。

しかし、どんな宝物も磨かなければ光りません。自分の長所らしいところを見つけたなら、それに磨きをかけることにだけ、意識を向けましょう。「自分は短所ばかり」とか「長所といっても他の誰かと比べたら劣っている」といった邪念に振り回されて努力をサボっていては、長所が光らないのは当然のことです。

また、**短所を改善しようとする努力もおすすめできるものではありません**。石ころをいくら磨いても宝石にならないのと同じで、短所を改善するにも限度があります。10の努力をして7、8を身につけるのが、せいぜいではないでしょうか。

そうであるならば、長所は伸ばし、短所はあきらめる。これが肝心です。

「磨くべき長所がないから困っているのに」と反論したい人もいるかもしれません。

しかし、明珠在掌の考え方に拠るならば、「長所がない」のではなく「長所をまだ見つけていない」だけだと、考えるべきでしょう。

では、どうするか。例えば、長所を「**自分が好きなもの、夢中になれるもの**」と読み替えてみませんか。

長所というと、「他の人より優れていないといけない」「仕事に役立ちそう、お金になりそうでないといけない」と思い込んでいる人がいるようです。

つまり「人より優れていないなら、お金にならないなら、磨く価値がない」というわけですが、それは拙速な決めつけだと思います。夢中になること、すなわち「今、この瞬間」を全力で生きることの積み重ねが人の幸せをつくるのですから。

何より、夢中は努力に勝ります。「努力しよう、頑張ろう」と必死になるより、楽しみながら続けたほうが、得てして、よい結果が出るものです。

こうしたお話をしていると思い出すのは、手先が器用でプラモデルづくりが得意だった友人のことです。彼は某大手信託銀行に就職が決まっていたのですが、それを蹴って歯学部に入り直し、今は歯医者になっています。

「俺が一番得意なことは、人が真似できないような細かい作業をすること。プラモデルづくりのように仕事ができないかと思ったんだよ」

作業が細かければ細かいほど「燃えてくる」と彼は話してくれました。

彼の人生には、長所探しのヒントが隠れているようにも思います。人が夢中になれることは、小さい頃から案外変わらないということ。高じてそれが自分の長所に、得意なことになり、仕事選びの決め手にもなること。

自分が夢中になれることにすら心当たりがない人は、少し瞑想をして「露」の自分を取り戻してから、これまでの自分を振り返ってみてください。

子どもの頃、食事をとるのも忘れて没頭したことはありませんか。

誰かに言われなくても『つい』やってしまうことは、ないですか。

これまでに、一番お金をかけてきたものは、なんですか。

あなたはこれまで、どんなことに夢中になってきたのでしょう。その答えの隣に、あなたの長所も潜んでいます。ぜひ探りを入れてみてください。

考え
すぎない
コツ

長所がないのではなく、磨いていないだけ

短所も「まあいいか」

――あなたも誰かを光らせている

長所にまつわるお話を、もう1つしたいと思います。

「長所を磨く」とは、単純に能力を伸ばすことではありません。それを誰かのために役立てることや、その誰かがいる環境を見つけることも、含まれています。

長所は、人のために生かされて初めて、自分の長所として胸を張れるものになる。自信の源になる。そんなふうに考えてください。ここでも、人より優れているか、お金になるかどうかは、気にしないで結構です。

例えば、仕事で「プレゼン資料をつくる」となると、そこには、図を描くのが得意な人や、文章やキャッチコピーを考えるのが好きな人、口頭でのプレゼンが誰よりもうまい人など、多くの人の活躍の機会が生まれます。

そんなとき「○○なら○○さんに任せよう」と言ってもらえるだけの立ち位置を自分がいる環境のなかで確立できたら、もう十分です。相談を持ち掛けられて自分なりの答えが返せる存在になれば、「○○ができる人」として頼られますし、あなたの居場所ができるのです。

そうした環境にいると、自分の「短所」だって気になりません。「苦手なことはたくさんあるけど、得意なこともあるから、まあいいか」と割り切れるようになります。長所も短所もそのままに、自分を愛せるようになります。「私なんて」と卑下する必要は、どこにもないのです。そもそも、**長所も短所も、あなたの大切な個性の一部**です。そして、あらゆる個性が、誰かの役に立つ長所になりえるのが、諸法無我の世界とも言えます。

ある人から、こんな話を聞いたことがあります。

「自分は、人に会わずひとりで部屋にこもっているのが苦にならない。若い頃は、社交性がないのは短所だ。直さないといけないと思って、悩んでいました」

しかし、あるとき「自分はこれでいく」と開き直ったそうで、今は本を書く仕事をされています。「原稿の締め切りに間に合わせるために、1週間以上自宅で〝カンヅメ〟になっていても平気」だそうです。

「そんな生活は退屈で耐えられない！」という人もたくさんいると思います。しかし、だからこそできる仕事もあるわけで、そうであるならば「ひとりでいるのが好き」なことも立派な長所と言うべきでしょう。

つまり、あなたの個性が長所として輝くかどうかは、環境で決まる部分が大きいのです。前述の「ひとりでいるのが好き」な人も、チームワークが求められる環境ではずいぶん肩身の狭い思いをするかもしれません。

繰り返しになりますが、**誰かと出会い、役立つ道が見えてこそ個性は長所になる**のです。個性豊かなさまざまな人と出会うなかで、あなたの長所は磨かれていきます。

ですからどうか、人と交わる場所に出ていくことを、恐れないでください。あなたの長所が輝く機会は、そこにあるからです。多くの人と助け合い、支え合う関係が築けたら、もう何も心配することはありません。

それは、自分の長所のみならず、短所の使い道が見えてくるからでもあります。自分の短所がなかったら、誰かの長所が発揮される機会が一つ減ってしまうのですから。どんなに優秀とされる人でも、全方位に優れているかというと、そんなことはありません。どんな人にも長所と短所があり、あなたにも長所と短所があるのです。

そんな人たちのなかに、**臆さず身を投じる**ことです。

苦手なことがあれば、苦手だから助けてほしいと、声をあげましょう。それだけで心は楽になり、助けてくれる人も現れます。逆に、助けてほしいと声をあげている人がいたら、自分も迷わず手を差し伸べましょう。

長所も短所も、どちらも人の役に立っている。その事実に気づけたら、もう大丈夫。こんな自分も悪くないじゃないかと、心から思えてくるのです。

考え
すぎない
コツ

短所も長所となるが、人、環境と出会わなければ長所にはならない

○損得よりも「因縁」

――迷いがなくなる生き方

人の心を重くするものに「損得勘定」があります。

例えば、人間関係。

「あの人は出世しそうだから、今のうちに恩を売っておくか」

「今は仕事が大切。学生時代の友人との付き合いは、後回しにしよう」

自分の得になる付き合いを優先し、得にならないと思えば、遠ざける。そんな人付き合いをしていませんか。それが全面的にいけないことだとは思いませんが、人間関

係が目先の損得勘定のなかに収まると思ったら、大間違いです。たまたま知り合った人と「思いがけず」仲良くなって、親友や伴侶になるケースなど、いくらでも聞く話ではありませんか。

それに、**好きだ、嫌いだといった感情よりも、損得を優先するということは、自分の気持ちをいつわるということ**でもあります。そんな人間関係は、どこまでいっても窮屈で、心がすり減っていきます。

そのため、禅は「損得を考えないこと」「縁があるほうを選ぶこと」を説きます。

誰かとの出会いは一つの奇跡であり、そこには縁が働いている。どんな出会いも蔑《ないがし》ろにせず、ただ感謝するべきだ。禅はそう考えるのです。

古来、禅僧が大きな悟りを得てきたのも、損得から離れた心境のなかでした。それに関連して禅が大切にしているのが「自然」です。自然というものは損得など人間の計らいごととは無関係に、あるべきものがあるべきように、そこにあります。「自然とは丸出しになった真理だ」という言葉があるぐらいです。

仕事探しも、同じだと思います。これだけたくさんの情報があふれていると、あっちの会社のほうが給料がよくて福利厚生がしっかりしている、いや、仕事内容はこっちのほうが自分にあっている等、損得勘定をするのが普通です。それだけに、仕事選びが難しい時代になっているとも言えます。

どんな仕事をしていても「もっといい仕事が他にあるのでは？」という思いが湧いてくるようでは、目の前の仕事に一心に取り組めないでしょう。

縁を大切にするとは、目の前にあるありのままを大切にする、ということです。人間関係においては、どのような出会いも一期一会の機会として、感謝の心で受け止めることです。仕事についても、あれこれ考えずに、縁があるものを全うすることだけを考えましょう。

あれこれと選ぶ選択肢がはじめからなく、「もう、これしかない」という状況なら、その仕事をすることに迷いは生じません。その仕事が出世につながるのか、損なのか、得なのか。うまくいくのか、うまくいかないのか。これらはすべて邪念であり、その仕事に集中する妨げにしかならないのです。その都度頼まれる仕事も、「あれはしたい、これはしたくない」と選び始めたら、きりがありません。

一度縁を感じたなら、それに感謝をし、迷わずその仕事に打ち込むことです。それができたら、どんな仕事も、あなたの「天職」です。天職探しの秘訣というものがあるのだとしたら、逆説的ではありますが、「何も選ばない」ことです。ご縁のあるものをやる、それだけでいいのです。

たったそれだけが、人生をよりよいものにするのは、なぜか。それは、縁が次の縁を呼んでくる性質を持っているからです。

先ほど、縁は「思いがけず」広がっていくものだと、私は言いました。

おそらくは、一生懸命物事に取り組んでいれば、それを見てくれる人が必ずいる、ということなのでしょう。**縁というものは、一度結ぶと、また次の縁がやってきます。**

一ついい仕事を成し遂げると、それを評価してくれた人が、また新しい仕事や新しい出会いを紹介してくれる、というのがよい例です。いい縁はいい縁を呼び、良縁の連鎖が起こるのです。ただし、逆もまた真なりです。最初に悪い縁を結んでしまうと、そのあとも悪い縁が続いていき、歯止めがききません。一度、仕事で手を抜いた人には「手を抜く人」にふさわしい仕事しかやってこない、それと同じことです。

「**大道通長安**《だいどうちょうあんにつうず》」という禅語があります。

どの道を選ぼうと、幸せや真理に通じているという意味です。大切なのは、何を選ぶかではなく、選んだあとにいかに努力するか、いかに生きるかであり、それができれば、おのずからよいご縁に恵まれて、物事は勝手によい方向に進んでいきます。人間のこざかしい損得勘定など、ご縁の力の前では、大したものではありません。

人生とは実によくできたものです。

考えすぎないコツ

損得で考える、というのは自分の感情をいつわっていること

○結果は「求めない」

――やるだけやれば、心は安らか

「やるだけやったんだから、それでいいじゃないか」

そう納得できる毎日を愚直に積み重ねることが、心安らかに生きるための極意です。

同時に、成功を収めるための秘訣でもあるところが、人生の面白いところです。

「**結果自然成**《けっかじねんになる》」という禅語があります。**やるだけの事をやったら、結果はどうあれ、残るのは充足感**のみ。

しかし、それだけの努力をしていたら、自然と結果がついてくるのがこの世の道理だという意味です。

ビジネスの世界の常識からすると「努力さえすればいい」という言葉は、現実には通用しない綺麗事に聞こえるかもしれません。

常に結果を急かされる環境で、「そんな悠長なことを言っていたらクビになる！」と思う人もいるでしょう。また、努力をしているのに結果が出ないことに無力感を覚えている人もいるかもしれません。

それでもなお、努力を続けることです。

「結果がほしい、結果が出ないことはやる価値がない」という考えは、「今、この瞬間」を生き切ることを第一とする禅にとっては、邪念でしかありません。

禅では、何かのために坐禅をすることを「邪禅」と呼んで、戒めているぐらいです。

ただし、禅は「結果」そのものを否定しているわけではないのです。

ただ無心に目の前にある「なすべきこと」を続けていると、想像を超える結果がもたらされることがしばしばあるからです。

「**小水常流如穿石**《しょうすいのつねにながれていしをうがつがごとし》」。お釈迦様が入滅に臨まれるさいに弟子に説いた言葉です。僅かな水の流れでも絶え間なく流れ続けていれば、いつしか硬い石を貫いてしまう。目に見える変化がどれだけ小さくても、毎日の努力は必ず実るのです。

「大した努力をせずとも、運だけで成功しているやつもいるじゃないか」という反論もありそうですが、本当に「運だけ」なのでしょうか。

運をつかむには、相応の準備が必要です。先ほどの因縁の話を思い出してください。

努力（因）なしには、せっかく訪れたチャンス（縁）をつかまえ、生かすこともできないのです。そのチャンスがいつ訪れるかは誰にもわかりません。

しかし確かに言えるのは、そのチャンスは誰のもとにも平等に必ずやってきているということです。

「**誰家無明月清風**《たがいえにかめいげつせいふうなからん》」。誰の家にも月は光り、清らかな風は吹いてくるという意味の禅語です。あなたにもすでに幸運は訪れているのです。これからも幸運は訪れることでしょう。

もしその幸運をつかめていないのだとしたら、備えが不足していたと考えるべきです。再び幸運が訪れるその時まで、努力を続けることです。

「結果自然成」の体現者として私が思い浮かべるのは、京セラ創業や日本航空（ＪＡＬ）再建など、大変な社会貢献をされた稲盛和夫《いなもりかずお》さんです。稲盛さんは、禅の考えを経営に持ち込んだことで知られています。

稲盛さんは、ビジネスを通して「どう儲けるか」ではなく、ビジネスを通して「人間はどうあるべきか」を追求した人でした。たとえ、結果が出るのが10年後、１００

年後であっても、「世の中のためになる」と確信が持てたならどんどん事業を先に進めていきました。

すると、私利私欲を捨てた行いだからでしょうか、結果的に社会から認められ、会社が繁栄していきました。

儲けるため、会社の成功のためになることをするのではなく、**やるべきこと=社会のためになることをすることのみを考えた**のが、稲盛さんです。会社の成功は、その結果に過ぎないのです。同様の例は、枚挙にいとまがありません。

後世に語り継がれる社会貢献や、常識を書き換えるようなイノベーションは、結果を度外視した努力なくして実らないものだと、しみじみ思います。

考え
すぎない
コツ

儲けるため、成功のためになることをするのではなく、やるべきことをする

○数字は「追わない」

――「生き様」を後世に遺す

他の誰でもない自分だけの生き方を究めること。

ありのままの自分を見つけること。

禅において「いい人生」とは、そのようなものです。他人との比較などせず、一つとして同じものなどない絶対の自分を信じて生きるよう努めるのが、禅の道です。

それなのに、世の中には、自分と他人を比較するための物差しがあふれています。

その最たるものが「数字」です。より多くの給料、より上の役職、より高い偏差値の学校、より大きな家などを求めることが「いい人生」とされ、「そうでない人間は向上心がない」と責められることさえあります。

しかし**「いい人生」は数字で測れるものではありません**。

社会的な「成功」ならば数字で測れるかもしれませんが、自分の「幸福」は測れないのです。誰のものでもない自分だけの人生を、他人の人生と比較したところで、何の意味もないからです。

「萬法帰一《まんぽういちにきす》」という禅語は、森羅万象、宇宙にあるすべてのものは、絶対的な1つの真理に戻っていくという意味です。「いい人生」の正体も、給料が、役職が、学校の偏差値が、家の大きさがどうあれ、二度とやり直しのきかない人生を精一杯生き切ることに尽きます。

その結果、世間が大事にしている物差しでは評価をされない人生を歩むことになるかもしれません。しかし恐れることはありません。私たちには素晴らしい先達がいるのですから。

かの名僧たちは、現代人の目には、よく言えば浮世離れした人、悪く言えば社会をドロップアウトした「変人奇人」の類に映ることでしょう。一般的な意味での成功や成長をそこに見出すのは難しいはずです。

しかし、禅が説くように自分の生き方を究めることがいい人生なのだとすれば、彼らほどのお手本はいません。彼らは成功をおさめたとは言えないかもしれませんが、確かに、いい人生を生きたのです。

もちろん「いい人生とは」という問いの答えは、人それぞれです。どこまでも数字を追い求める生き方を、否定しようとは思いません。貪欲に数字を求めたい、それが自分の生きた証明になる、達成感になると考える人もいるでしょう。

しかし禅は、いい人生についてこんなふうにも考えるのです。

「今、この瞬間」を生き切ることを説く禅は、この人生を精一杯生き切るための知恵でもあります。そして人生は一度きり。いずれ訪れる死を前にして「やるべきことはやった」という安堵があるならば、それこそ、よい人生を生きたという納得が得られるのではないでしょうか。反対に「思い残し」があると、後ろ髪を引かれる思いで旅立つことになります。

そうであるならば、**思い残しを減らすことが、いい人生に繋がる**はずです。

あなたには、今この世を去るとしたら、どんな思い残しがありますか。そう問われて、「もっとお金を稼ぎたかった」「もっといい学校に入りたかった」と答える方は、まずいないと思います。あるいは、この世を去る時、何を後に残したいですか。きっと「多くの財産を残せたら、何も悔いはない」と答える人もいないでしょう。

誤解していただきたくないのですが、私はお金を軽んじるつもりはありません。生活の糧として、お金は誰にとっても必要なものです。

ただし、人生の納得を得るには、**お金の多寡よりも、お金の「使い方」のほうが、重要な意味を持つ**のだと、私は申し上げたいのです。

なぜか。それが、その人の「生き様」になるからです。

私の知人に、米国で著名な投資家の弟子となり財を築き、中国でも事業を成功させた中国人がいます。彼はあるとき事業をたたみ、貧しい人たちが学べる学校と職業訓練のための学校を無償ではじめました。

本人は「目標は白隠禅師」と語り、清貧の暮らしをしています。稼いだ財産のほとんどを社会貢献のために捧げてしまったわけですが、「みんなが幸せになるなら、それでいい」と飄然《ひょうぜん》としています。

どうやら人間は、物質的な欲望が満たされると、精神的な欲望を満たしたくなるようです。自分の利益を度外視してまで、人の役に立ちたいという利他の気持ちが強くなっていきます。こういう人はお金は残さずとも「生き様」を残します。「あの人はこんなすごいことをした」「あの人が今生きていたら、こんなことを言うだろう」などと、死後も人々が話題にするのはそういう人ではないでしょうか。

また、お金の使い方ばかりが生き様ではありません。

ほかの誰のものでもない、自分だけの生を全うすること。その価値を広めること。

1章で紹介した名僧たちなど、没後数百年たった今も語り継がれています。

良寛さんなど、お金持ちどころか無一文です。しかし、

「子どもたちとかくれんぼしていた良寛さんは、日が暮れて子どもたちが家に帰っても隠れ続けて、翌朝になってやっと見つかった」

「良寛さんの草庵に忍び込んだ泥棒のために、寝入っているふりをして布団を差し出した。泥棒が出ていってから窓の外を眺めて『盗人に 取り残されし 窓の月』という句を詠んだ」

純粋で、どこか温かみのある良寛さんの生き様に、今も多くの人が救われています。

もう一度問います。この世を去るときに、あなたが残したいものはなんですか。何をあなたが生きた証としたいですか。

残すべきはお金ではない、あなたの生き様です。あの人は大金を残した、大きな家

を建てたといって語り継がれる人はいないのです。

仏教では「人は二度死ぬ」と言います。一度目の死は、肉体の命が尽きたそのとき。二度目の死は、生前親しくしていた人たちの心のなかから、故人の記憶が消えてしまったときです。

お金ではなく、生き様を残すこと。人々の記憶のなかでいつまでも生き続けられると信じて、やすらかに旅立っていくこと。

これもまた、私たちが望む「いい人生」だと思うのです。

考え
すぎない
コツ

いい人生は数字では測れない

○「結界」をはる
――仕事は仕事、家庭は家庭として全うする

お寺や神社にある長い参道と門や鳥居の役割をご存知でしょうか。門や鳥居には、俗なる場所と浄らかなる場所を隔てる「結界《けっかい》」の機能があります。参拝者は、参道を歩きながら気持ちを鎮め、神様仏様とお会いする心構えを整えるのです。

同様に、**日常生活においても私たちは「結界」を必要としています**。例えばそれは、「仕事モード」を家に持ち帰らないための結界です。

仕事に没頭し多少のストレスも厭わないのが仕事モードだとするなら、仕事のことを忘れて心身を休めるのが家庭モードです。どちらも同じぐらい私たちの生活には大切ですが、2つが混ざってしまうのは避けたいものです。例えば、家に帰ってもダラダラ仕事をしていたら疲れはとれないですし、家族にも嫌な顔をされてしまうでしょう。

仕事は仕事として100%やり切る。家庭は家庭として100%やり切る。この2つを混ぜないために、結界はあるのです。

ところが最近、テレワークと称して自宅で仕事をする人が増え、仕事と家庭の境界が曖昧になっています。オフィスに通勤していた頃は、仕事と家庭のあいだに距離的・時間的な結界がありましたが、PCさえあればいつでもどこでも仕事ができてしまう今、かつての結界は意味をなさなくなっています。

これには功罪があります。テレワークには「通勤を気にせず好きな土地に暮らせる」「仕事と家庭の両立が簡単になる」などさまざまなメリットが謳われます。

しかし一方で、仕事とプライベートの空間が限りなく接近するため、「作業に集中できず、ついダラダラ遊んでしまう」「仕事のストレスをオフタイムに持ち込んでしまい、家族に嫌な顔をされる」といった声も聞こえてきます。仕事モードが家庭モードに、家庭モードが仕事モードに侵食されてしまっては、「今、この瞬間」を生き切ることも難しいでしょう。

そうであるならば、結界を自分の手でつくることです。

結界づくりにこれといってルールはありません。頭のなかで「〇〇をしたら仕事モード」「△△したら家庭モード」と**〝儀式〟を決めておくだけでよい**でしょう。

例えば「PCの前に座ったら仕事モード」「コーヒーを入れたら家庭モード」「夜18時を過ぎたら強制的に家庭モード」などと決めるのです。医師は「白衣を着るとスイッチが入る」などと言いますが、それも儀式のひとつでしょう。われわれ禅僧も、衣を着ると身も心もシャンとします。

通勤がある人も、自分なりの結界をつくっておくと、仕事モードと家庭モードのメリハリがつきます。

例えば、最寄り駅の改札と、会社の最寄り駅の改札を結界とする。改札を通って会社に近づくたびに仕事モードに心を切り替えていきます。帰り道は反対に、改札を通るたびに仕事モードを緩め、家庭モードに。「ネクタイをゆるめる」「ワイシャツのボタンを1つ外す」「お気に入りの音楽を聞く」などといった行動を決めておくのも、効果があります。その結界を通るたびに、仕事モードのなかで身にまとっていた「社会人」「上司」「部下」といった鎧を脱いで、身軽な「素」の自分に戻っていくイメージです。そうして自宅の玄関にたどり着いたら、その向こう側には仕事を持ち込まないこと。「本来の自己」に戻り、穏やかな時間を過ごしましょう。

思えば、「会社帰りに居酒屋でちょっと一杯」も、結界の役割を果たしているのだと思います。家に帰ればお金をかけずにお酒を飲めるのにわざわざどうしてと、お酒を飲まない人は不思議に思うかもしれません。しかし、どこにも立ち寄らず、まっすぐ家に帰ればいいというものではないのです。酒場を「止まり木」にして仕事モードと家庭モードを切り替える。時間とお金を費やす価値のある、大切な儀式なのです。

考えすぎないコツ
外と内を分けるための儀式をつくる

○「他力」で生きる
——人生を「清々しい」ものにするための極意

イライラ、クヨクヨを解消したい。これは人として当然の気持ちですが、反面、自分だけ利益を得ようとする、自己中心的な欲求とも言えます。どこまでいっても自分ひとりの問題ですから、イライラ、クヨクヨを解消できたところで、誰かのためになるわけでも、誰かに褒めてもらえるわけでもありません。

ところが世の中には、困っていると必ず誰かに助けてもらえる人がいます。一体何が違うのでしょうか。

他人を利すると書いて「利他《りた》」という言葉が、仏教にはあります。他人のためになることを優先して、自分の利益は後回し。いつも控えめで、人間関係でも「お先にどうぞ」と譲れる人。そんな人には、利他の精神が備わっています。

一見損をしている生き方のようでもあります。特にビジネスをしていたら、何がなんでも主張を通さないといけない、他人を蹴落としても利益をとりにいかないといけない場面も少なくないでしょう。

しかし、だからこそです。縁がめぐりめぐって、これほど大きなものを手にする生き方はないと、私は思います。特に日本では、あまり自己主張が強いと「なんだい、あいつは」と煙たがられがちです。

例えば、特別に能力が高いわけではないのに、他人の助けによって大きなことを成し遂げる人。「私が支えてあげなくては」と助けてくれる味方に恵まれる人。本人は目立たないよう振る舞っているのに、なぜか多くの人に愛されている人。いうなれば、自力ではなく、他力で成功し、そして幸せになれる人。そういう利他の人が、あなたの周りにはいませんか。

彼らの多くは「自分が、自分が」と前に出ていくタイプではありません。むしろ内向的で、決して出しゃばることがないのです。それでいて困っている人を見かければ躊躇なく手を差し伸べる。こういう人は、誰からも応援されます。彼には、人々をぐいぐいと引っ張る力はないかもしれませんが、かわりに**「周りに押し上げてもらえる」魅力がある**のです。

これにたいし、「自分が、自分が」の人は、利己の人です。

会社などでも、こういう人が出世するのは、一瞬のことです。他人の手柄を横取りし、部下の苦労も顧みず、自分の成果ばかりをひたすらに追求する。そんな利己の人からは、遅かれ早かれ、良縁が離れていくでしょう。

仏教の「諸法無我」の考え方を思い出してください。

諸法無我をわかりやすく表現すると「よくなるときは、みんながよくなる」ではないかと、私は思います。

諸法無我とは、すべて周りとの関係性の中に生かされているという考え方のことでした。例えば、毎日の食卓にのぼるお米ひとつとっても、関係性の塊です。稲を育てた農家さん、お米を全国に届けてくれる農業協同組合（農協）の方や運送会社の方、お米を売ってくれるスーパーマーケットの方、お米を炊いてくれる家族と、無数の人の無数の働きがあって初めて、美味しくご飯を食べられる自分が存在している。目に見えないたくさんの関係性に、私たちは「生かされている」のです。

どんなことであれ、自分だけよい思いをしようとしたら、その関係性にほころびが生じてしまうでしょう。**諸法無我は目に見えるものではありませんが、私たちが生きている世界を動かしている大切な理のひとつ**です。ならば、自分ひとりの利益を追求するなど到底できない。利他的な人はそのことを直観しているのかもしれません。

自分が幸せになりたいなら、他人を幸せにする。他人も自分も、皆が幸せに生きられる道を追求することです。

企業経営においてそれを実践したのが前述の稲盛和夫さんではないでしょうか。稲盛さんは自分の「こうしたい、ああしたい」気持ちは横におき、「みんなに感謝される」と思ったことだけをやりました。これは禅の精神そのものです。日本航空の再建を引き受けたのも80歳を目前にしてのこと。利他の心がなければできないことです。

もう一つ指摘したいのが、利他の心で生きる人たちの「清々しさ」です。

自分だけが得をしようと思うと、心のどこかに後ろめたさが生じるのが人間というもの。反対に「絶対にみんなが喜んでくれる」「みんなに感謝してもらえる」と思うと迷いなく前にすすめます。お金だって「家族のため、子どものため」と思えば、気持ちよく使えるのではありませんか？　**自分の欲望を満たすだけのお金には、やはり後ろめたさがついて回ります。**

あなたの行動や言葉が幸せにする人の顔を思い浮かべましょう。利他とは、あなたとその人が、共に幸せになる生き方です。後ろめたさのない、清々しい生き方です。

考え
すぎない
コツ

目に見えないたくさんの関係に
私たちは生かされている

コラム

みんな完璧ではない　名僧エピソード

煩悩にまみれた破戒僧だった親鸞

「なんと悲しいことか、愚禿《ぐとく》親鸞は、愛欲の広海に沈み、名声と利得の大山に迷っている」（親鸞）

仏教は、聖人君子のための教えではありません。まして、民衆を聖人君子にするための教えでもありません。私たちが、自分の中にある弱さや愚かさを認め、それでも前向きに生きていくための教えです。

その良い例が「悪人正機《しょうき》」です。

仏教の歴史のなかで、時に耳を疑うような革新的な教えが登場しますが、悪人正機はそのひとつです。要するに「悪いやつほど救われる」という意味ですが、「ほど」というところが実に効いています。なぜ、こんな言葉が生まれたのでしょう。良い人よりも、悪い人のほうが救われるのは、なぜなのでしょう。

背景には、当時の社会状況があります。

まず、仏教には「自力」と「他力本願」があるというお話をしましょう。自力とは、簡単にいえば、自分自身の修行や努力によって悟りを目指す方法です。臨済宗や曹洞宗の禅宗、天台宗や真言宗がこれに該当します。これらの宗派は、武士や公家など、当時の上層階級に支持されました。

一方、他力とは、自分の力ではなく、他人に救ってもらおうという考え方です。誰に救ってもらうかといえば、未来の仏様である阿弥陀如来です。こうした考え方に拠ってたつのが、浄土宗や浄土真宗です。

法然上人は、浄土宗の開祖です。法然上人は「南無阿弥陀仏」という念仏をひたすら唱えれば、たとえ悪人でも極楽浄土にいけるのだと説きました。南無阿弥陀仏とは「阿弥陀様にすべてを委ねます」という意味です。阿弥陀様は、生きるものすべてを救うという願い（本願）を持っていました。念仏を何万遍も唱えていると阿弥陀様が来迎《らいごう》して救ってくださるのだから修行の必要はない、阿弥陀様に念じるだけでよい。他力本願とは、阿弥陀様の本願にすがることを言ったのです。

そして、法然上人の弟子であり、法然上人の教えを継承し、発展させたのが、浄土真宗の開祖である親鸞上人です。

「善人なおもて往生をとぐ、いわんや悪人をや」(善人でさえも往生できるのだから、悪人が往生できるということは言うまでもない)

親鸞の言葉として、『歎異抄《たんにしょう》』に記された一節です。ここには「悪人正機」の考え方が端的に示されています。気になるのは、悪人正機の悪人が何を指しているか、です。それは、現代の私たちが想像するような「犯罪を犯した人」ではありませんし、悪人であることを親鸞上人が推奨しているわけではありません。

ここでの悪人とは、自力で修行をして煩悩を捨てることができない大多数の民衆のことです。私たちは阿弥陀様の救いを必要としている、そんな者を阿弥陀様が見捨てるはずがない。悪人正機とはそういう考え方です。

普通に考えれば「悪人でさえ往生するのだから、まして善人は言うまでもない」とするところ、親鸞上人はそれを逆転させたのです。

なんとも曲芸のような考え方かもしれませんが、これが鎌倉時代にあって民衆たちの支持を集めました。

そこには浄土宗の布教戦略もあったのだろうと思います。自力本願は、そのための修行に割ける余裕のある上層階級のためのもの。畑仕事や商売で毎日をあくせく暮らしている民衆に、同じことを求めるのは酷です。修行などできない民衆を救うために生まれたのが他力本願であり、悪人正機の考え方でした。


そして親鸞上人もまた、悪人だったのでしょう。親鸞上人は、法然上人を生涯の師としましたが、法然上人自身は皆が認める大秀才つまり「善人」だったのに対し、親鸞上人は、煩悩にまみれた「破戒僧」であったことが知られています。

なにしろ親鸞上人自身が「愚禿《ぐとく》」を名乗りました。「自分は愚かなはげである」として、すべてをさらけだしたのです。それは、民衆のように弱いもの、愚かなものであっても救われること、そのために仏教があることを、身をもって示すためではなかったでしょうか。親鸞上人は、当時僧侶が禁じられていた「肉食妻帯」を公然と行いました。悪人をふくめすべての人が幸せになれるのであれば、僧侶が肉食妻帯していても幸せになれるはずです。

「なんと悲しいことか、愚禿親鸞は、愛欲の広海に沈み、名声と利得の大山に迷っている」（親鸞）

こんな言葉を残していることからも、親鸞上人は自分の悪人ぶりを自覚していたことがわかります。親鸞上人は、民衆にとって優れた悪人の手本となったのです。

4章

お金や老後の不安を解消する

～何も足さずに豊かになる

○生活に「箍《たが》」をはめる

――心ではなく「習慣」で自分を律する

人間は根本的に弱い生き物だと、私は思います。

健康のためお酒を控えよう、食事を制限しよう。そう思っても、いざご馳走を目の前にすると暴飲暴食してしまう。

あるいは、子どもを叱らない親であろうと心がけているのに、大声をあげてしまう。「今日はここまで終わらせる」と決めた仕事があるのに、手をつけない。

締まりがない、だらしがないといえばその通りですが、その人が特別だらしないのではありません。**人間とはそういうふうに生まれついている**のです。

誰しも「何でも自由にしていていいよ」と許されるなら、際限なくだらけていくのではないでしょうか。その点では、僧侶も一般の方々も同じです。自制心がありそう、無欲そうといったイメージが僧侶にはあるかもしれませんが、ご馳走が並べば喉が鳴ります。これは仕方がないことです。

しかし、仕方がないからといって、だらける一方の状態を放置しては、心身ともに健やかではいられません。

僧侶が一般の方と違うのは、ぐずぐずと生活が崩れていかないよう、自分に「箍《たが》」をはめていることです。

私たち僧侶は、常識的な範囲を超えて、毎日を規則正しく生活しています。特に雲水の間は、食事の時間、睡眠の時間、掃除をする時間、坐禅をする時間と、1日のスケジュールが事細かに決められ、「これが終わったら次はこれ」と慌ただしい日々を送ります。

おかげで煩悩を刺激するものも目には入りません。これが箍です。

箍とは桶や樽をしめる輪っかのことです。桶も樽も小さな木の板の集まりですから、箍がないと形をとどめていられません。箍をはめることによって木の板が隙間なく並び、水が漏れない、正しく使える桶になるのです。同じように禅僧も、箍をはめることで一つの桶となり、世の中の真理が蓄えられていくのだと考えられています。

禅僧と同じ生活を、一般の方におすすめするのは酷だと思います。

前述のように、高度に情報化され便利になった世の中では、あらゆる情報が目に飛び込んできます。行ってみたい、食べてみたい、あれやってみたい、これやってみたいと煩悩を刺激してくるものに取り囲まれて、気が休まる場所などありません。ちょっとやそっとの自制心など、何の役にも立たないでしょう。

かといって、何も意識しないままでいると、締まりがない毎日を過ごしてしまうのが定めです。では、どうするか。幸い、一般の方にも取り入れやすい「箍」があります。

ここでいう箍とは、生活習慣の一つひとつのことです。基本は「何事も心を込めて丁寧に」行うことです。実際、禅の教えは、日常の所作の一つひとつに及びます。

例えば、脱いだ靴はきちんとそろえること。

禅には「**脚下照顧**《きゃっかしょうこ》」という言葉があります。

直訳すると「自分の足元を見つめなさい」で、履物をそろえなさいということなのですが、**履物の乱れも気にならないようでは、自分の心も整えられません。**

前述の「喫茶喫飯」も、箍のひとつです。「何事も心を込めて丁寧に」に通じる教えです。お茶を飲むときはお茶を飲むことに心を集中し、お茶そのものになりきった気持ちでいただくことです。その反対が、人と話しながらスマホを見る、仕事机で作業をしながら食事をするなどの「ながら」作業。これでは心が込もりません。

禅では、このように「何事も心を込めて丁寧に」行うことが即ち修行であり、生活を整えることが心を整えることにつながると考えます。

ほかにも、本書は

「早起きをして、毎朝掃除をする」

「朝晩2回、坐禅をする」

「仏壇の前で手を合わせる」

「仕事と家庭を隔てる結界をはる」

などをおすすめしてきましたが、これらも生活に箍をはめる習慣だと言えます。

呼吸を整えるのと同じように、睡眠や食事など、日々の営みの一つひとつを丁寧にすることで、私たちの身体と心は整います。
ここでも、一般の方に取り入れやすい習慣をいくつか紹介しておきましょう。

・よく噛んで食べる

よく噛んで食べると、少ない量でもお腹が膨れるため、食べ過ぎる心配がありません。また、ひと箸ひと箸を、心を込めてしっかり味わうと、なんとも美味しいのです。「そんな暇はない」という人は、せめて最初の一口だけでも意識を集中させましょう。その美味しさがわかれば、食事をつくってくれた人や、食材となっている野菜や動物たちに対する感謝の念も自然と湧いてきます。

・スマホを置き、ぼーっとする

禅的な暮らしをおびやかすものといえば、なんといってもスマホです。起きているあいだじゅうスマホを触り続け、情報にさらされ続けていたら「何事も心を込めて丁寧に」生きられるはずがありません。スマホの便利さを手放すわけにはいかないにせよ、「ニュースのチェックは通勤中に」「メッセージの返信は朝と夜にまとめて」「夜

9時を過ぎたら手の届きにくいところに置く」など自分なりのルールを設けましょう。「スマホを触らないと間がもたない、退屈だ」という方もいるかもしれませんが、何もせずぼーっとしていればいいのです。スマホ疲れが癒えてくると、ぼーっとすることの心地よさをスマホに奪われていたことにも気がつくでしょう。

・空を見上げる、月を眺める

何時間もデスクに座り、ＰＣの画面をにらみつづけていたら、心も身体もこわばります。さらに、オフィスの外でもスマホ画面を見つめてばかりでは、視界がどんどん狭まり、自分の人生すら見通しがきかなくなるでしょう。たまには空を見上げてください。小さな世界に囚われていた心を、大空に解き放ってあげる。これだけで不平不満が浄化され、胸が軽くなります。「月」を眺めるのもおすすめします。月は悟りの象徴です。月の清らかな佇まいは、妄想や執着に囚われていない仏の心そのもの。見る者の心まできれいにしてくれます。

・たまには大声を出す

禅即行動で、悩む前に動くのが禅の極意です。頭で考えているうちは何も解決しません。それでも動けない人は声を出しましょう。私も「よし！」「やるぞ！」と声を出して自分を鼓舞することがあります。社会人なら大声を慎むべきですが、それだけに、たまに大声を出したときのリフレッシュ効果は高いのです。

・夜は「何も考えない」

夜の考えごとは危ういものです。闇のなかでは不安が不安を呼び、心がネガティブに傾いていくのを止められません。難しいことは、心身が回復した朝の自分に任せればいいのです。夜は「考えない」を徹底しましょう。お風呂にゆっくり浸かるのも音楽を聴くのもよしです。もちろん、ベッドにはスマホを持ち込まないことです。

考え
すぎない
コツ

履物の乱れは、心の乱れ。小さなことも丁寧に

○始めれば続く、続ければ終わる

――苦しむのが先、楽しむのが後

「あとでやろう」と考えていつまでも手をつけず、胸につかえていることはありませんか。

今この瞬間も、「ああ、やらなくちゃ、やらなくちゃ」という思いがくすぶっていては、仕事をするにも遊びにも身が入りません。「今この瞬間」に没頭することを大切にする禅の精神から、かけ離れてしまいます。

それに、厳しいことを言うようですが、「あとでやろう」と思って、本当にやれた試しが、どれだけあるのでしょう？

そのままズルズルと先延ばしをし続け、締め切り間際になって大慌て、というパターンを繰り返してはいないでしょうか。我が身を振り返ってみてください。

私は決して「向上心がないからいけない」とか「やる気がないからいけない」とい

ったお説教をしたいのではありません。むしろ、そうした**曖昧なものには頼らないほうがいい**、というお話をしたいのです。

しばしば、根が真面目な人から

「やる気が出ないときはつい、やらなければならない作業を先延ばしにしてしまう。今やるべきことから逃げてしまう」

「手をつけないといけないのはわかっていても、そのあとの苦労のことを考えると腰が重くなる」

といったお悩みを聞くことがあります。そうした人たちは決まって「自分はやる気がない、だらしがない」と言っては自分を責め、焦りやいらだち、悔しさ、情けなさに苛《さいな》まれています。

仕事をしていない＝休んでいるかというと、それも違うようです。

先延ばしにしている間にも刻一刻と近づいてくるタイムリミットを恐れ、ストレスを溜め込んでいます。

私は経験則から思うのです。こういうときに、やる気や向上心といったものは問題にしないほうがいいのではないでしょうか。

何しろ、やる気には波があります。不意に熱が高まることもあれば、同じく不意に冷めることがあります。

「今年こそはダイエットを成功させる！」と意気込んでも1週間しかやる気が続かなかった、そんな経験をしたことがある人も多いでしょう。

「あの人はモチベーションが高い、目標に向かって頑張っている」と評される人だって、1年365日同じレベルのやる気を維持しているとは思えません。

何が言いたいかというと、誰しも先延ばしの誘惑には抗いがたい、ということ。やる気がない状態の自分を受け入れ、「やる気がなくても動ける」自分をつくるほうが、建設的とは言えないでしょうか。

人間は**本来的にだらしがない生き物**だという話を思い出してください。やる気の有無とは関係なく動けるよう、自分に「箍」をはめるのです。

では、どうするか。自分の心を変えようとするのではなく、習慣を変えましょう。

具体的には、やる気があるならやる、やる気がないなら先延ばしという習慣を「**先**《せん》**憂後楽**《ゆうこうらく》」という言葉で書き換えます。

先憂後楽とは、苦労や困難なことから先に取り組み、それが済んでからゆっくり楽しむことを意味しています。

例えば「くたびれたので横になりたい」ときも、横になる前に1時間だけでも作業を進めておく。スマホを触って受験勉強のストレスから逃げたい、でも30分だけガマンする。

こんなふうに、なにか行動を起こすのにやる気の有無をいちいち考えず、とにかく**「憂鬱なことを先に済ませる」**と決めるのです。

先憂後楽という言葉があるぐらいですから、何百年も昔から人間は「なんとか先延ばしを改善したい」と悩んでいたのだと思います。

人間は「あとでやろう」と言い続け、失敗してきた生き物なのでしょう。しかしながら解決策も、今と昔で変わりがありません。先に動けば、後が楽になるのです。

始めてしまえば、先延ばしにしていた罪悪感がうすれ、胸のつかえがとれます。

どれだけ小さくともひとつ行動を起こせば、気持ちに弾みがつくのです。また、行動には何かしらの「結果」がついてくるということも大事です。成功であろうと失敗であろうと、結果を振り返ることで「ここを改善しよう」「同じ要領で続けていこう」などと、次の行動のきっかけになる気づきが得られます。

最悪、先延ばしにするかしないかの判断は、1分だけ手をつけてからにしましょう。その1分のうちにも調子が出てきて「これならもう5分続けられそうだ」となるかもしれません。逆に、始めてしばらくたってもまだ気持ちが乗らないのだとしたら、すべての用事を放りだして、休息をとるべきときなのかもしれません。

要するに **「始める」ことさえできれば、あとはなんとかなります**。始めれば、続きます。続ければ、終わります。

「あとでやろう」がない人の心は、いつも晴れ晴れとしています。

考えすぎないコツ

どれだけ小さな行動でも心は救われる

○「ありがたさ」の味を知る
――仕事も健康も、失う前に感謝したい

ありがたい。それは幸せの言葉です。

人生において何度「ありがたい」と言って感謝できるか。その回数が人生の質を決めると言っても過言ではありません。

有り難いとは有ることが難しいということ。私たちの生が、まさにそうでしょう。考えてみれば、この世に生まれてきたこと自体が奇跡的なことです。**ご先祖様が一人でも欠けていれば、私たちは生を受けることはできなかった**のですから。さらには、今に至るまで災難を逃れて生きのび、仏教の教えに出会ってもいる。

それがどれだけ、有り難いことか。お釈迦様は、この奇跡を次のように例えています。

「100年に一度だけ海面に浮かんで息をする盲目の亀がいる。その盲亀が海面に顔を出すとき、ちょうど大海原を漂ってきた穴の空いた流木と出会い、その穴に頭を入

れることと同じぐらい難しいことなのだ」

このありがたさに気がついたとき、世界の見え方が変わります。

私たちは決して一人で生きてきたのではない。

私たちは多くの人々とのご縁や、自然からの恵みによって「生かされている」のだと知るのです。

たとえ、人間関係によって傷ついた時も、何もかも思うようにいかない時も、今こうして生きていること以上の奇跡はない。それがわかると、自分を取り巻くあらゆる出来事に感謝できる心が育ちます。「足りない」ものがなくなり、心が満たされていきます。


しかし、です。物質的に豊かになり、欲しいものが簡単に手に入る現代社会においては、**ありがたさを感じる機会が失われつつあります**。有り難いどころか、むしろ何もかも「当たり前」に感じられはしないでしょうか。

例えば、これまで病気ひとつせず、健康が当たり前になっている人に健康のありがたさを説いてもピンとこないでしょう。また、小中高大と親の援助のもと進学するのが当たり前だった人に、教育のありがたみはわからないはずです。

よく言われることですが「失ってはじめてありがたみがわかる」とは、本当にその通りだと思います。

大きな病気をして、入院をし、生活の自由を奪われてみると、健康というものがどれだけ価値のあるものだったかが、身に沁みてわかります。

また、親になり、子どもを育てる側になって初めて、「子どもに苦労をさせたくない」からと教育にお金をかけた親の気持ちがわかるのです。

健康の価値を理解するには、健康を失わないといけない。なんとも皮肉なことですが、**人間はそのようなかたちでしか学ぶことができない**のかもしれません。

極論すれば、何不自由のない暮らしのありがたさを学ぶため、すべてを奪われたどん底の暮らしを味わう必要がある。

禅の修行は、その実践と言えるかもしれません。

雲水生活においてはそれまでの当たり前がすべて奪われます。

睡眠時間は短く、坐禅中や正座中は足も伸ばせない。食事はというと、朝はおかゆにごま塩、たくあん2切れほど。お昼は麦の入ったご飯にお味噌汁、漬物が少々。夜はお昼と同じものに「別菜」という皿が加わるのですが、それも、がんもどきが2切れ、にんじんを煮たのが2切れ、ぐらいのものです。

修行僧たちはこれを、一口ずつ箸を置きながら、よく噛んで、ゆっくり食べるのです。

あまりにも量が少ないために食べ終わるのが惜しいからでもあるのですが、食事をいただける有り難さを、ひと噛み、ひと噛み、味わうためでもあります。

食欲旺盛な若い雲水は皆、空腹で気が狂いそうになるほどです。

私はとにかく甘いものが食べたくなり、あんこが食べたい、砂糖が舐めたいと、そればかり考えていたのを覚えています。

そもそも栄養が足りていませんから、皆決まって1カ月ほどで脚気や栄養失調をきたします。それでも、3カ月、半年と修行を続けるうちに症状が収まり、極端な空腹を感じないようになるのですから、人間の身体とはよくできたものです。その頃には肌つやもよくなり、白く透きとおった僧侶らしい風貌になっています。

そして気づくと、世界を見る目も変わっているのです。食べられることのありがたさ、眠れることのありがたさ、足が伸ばせることのありがたさを、味わい尽くしたからでしょう。

今まで当たり前に思っていたことがとてつもなく有り難いことなのだと、心の底から思うようになっています。

そんな極限の修行生活を多くの人におすすめできるわけがありません。しかし、幸せに生きるヒントの1つがここには隠れていると思うのです。

3度の食事ができることがありがたい。毎日仕事ができることがありがたい。家族や友人に囲まれていることがありがたい。今ここで生きていられることがありがたい。そう思えたなら、**人生から不平不満というものがずいぶん少なくなる**でしょう。

ただ、「感謝しろ、有り難いと思え」と人に説教をされて、その通りに感謝できるかという問題もあります。たいていの場合、そんな言葉を聞いても煩わしいだけ、鬱陶しいだけで終わるでしょう。

大切なのは、あなた自身の納得です。そのためにはあなた自身の目で、有り難さを見つけなくてはなりません。

例えば「感謝日記」をつけるのはどうでしょう。その日1日のいいこと・悪いことをノートなどに書き出し「今日も1日、無事に過ごせました。ありがとうございました」で終える。

これだけのことですが、**自分は「生かされている」と実感でき、心地のいい時間を過ごすことができます。**

私はといえば、「お仏壇の前で感謝の言葉を述べてから就寝する」という習慣を続けています。

住職の生活空間である庫裏《くり》にある仏壇にお参りをしながら1日を振り返るのですが、やはり忘れてはいけないのは、感謝の言葉で1日を締めることです。

人は確かに失ってはじめて有り難さを知るのかもしれません。しかし、失われてからでは取り返しがつかない。

できることなら、失われる前に感謝したい。有り難さを探して生きることです。

考え
すぎない
コツ

不自由とは「ありがたい」がわかる贅沢な機会

○「感度」を高める

――毎日は「同じことの繰り返し」ではない

「ありがたさ」の話を、もう少し続けたいと思います。

ブッダの生涯に、こんなエピソードがあります。

ブッダこそは、いわゆる**「繊細さん」の元祖**かもしれません。人はなぜ、生まれ、老い、病で倒れ、死に至るのか。やっとの思いで土から這いでた虫を鳥がついばみ、その鳥もまた別の動物のえじきになるのはなぜか。思い詰めた若きブッダ（シッダルタ）は出家を決意します。

「悟りを開くには苦行が必要だ」と教えられたブッダでしたが、悟りを開けないままやせ細っていきました。

川で沐浴をしていると、村の娘スジャータが乳粥をもってきました。乳粥を口にしたブッダは活力を取り戻し、菩提樹の木の下で坐禅を組みました。坐禅をして8日目、明けの明星を見たときにブッダは悟りを開いたと伝えられています。

自分が生きてこの世に存在していることが、何よりも素晴らしい。そこに気づくことがブッダの「悟り」でした。

ここで目を向けたいのは、ブッダは苦行ではなく坐禅によって悟りを開いたという点です。以前「禅僧にとって坐禅は心地がいいものだ」というお話をしましたが、同じことが起きているように思います。

この感覚は坐禅の経験のない人にはわかりにくいかもしれませんが、坐禅をしていると「ああしたい、こうしたい」とか「ああしなければ、こうしなければ」といった、私たちの心を囚えている煩悩が晴れていくのです。

足も手も固定されて、いかにも不自由な姿をしているのに、心は次第に自由になっていく。私の解釈では、足も手も不自由「だからこそ」心は自由になるのです。

もし、**手足が自由で好きなことを好きなようにできると、心は手足に囚われてしまう**でしょう。そうであるならば、手足の自由を奪えばいい。すると煩悩はあらわれず、無心の状態に近づいていける。

一点の曇りのない澄んだ心、すなわち仏性が露になる。ありのままの自分が、ありのままの世界に触れることができる。ブッダに「今、生きていることが有り難い」という気づきがもたらされたのは、そのときでした。

僧侶の日常もまた、不自由に満ちています。

さまざまな箍をはめられて、昨日と同じ今日、今日と同じ明日がやってくるとわかっている。一般の方から見れば、さぞ退屈で、窮屈なことでしょう。

僧侶たちはこの生活にすっかり慣れていますから「つまらない」とも感じませんし、「なんでこんなことを?」とも思いません。それに、毎日同じ生活を送っているからこそ感じられる、変化というものもあるのです。

それは自分のなかの変化です。先ほど「身体が不自由になると心はかえって自由になる」とお話をしましたが、同じことが起きるのです。

例えば、昨日はつぼみの状態だった花が咲いた。昨日できなかったことができるようになった。そんな小さなうれしさが一層うれしいのです。

私がしばしば坐禅をおすすめするのは、その感覚を味わっていただきたいからでもあります。手足を不自由にすることで自由な心を手に入れる。そのための坐禅です。

私は、心が自由になるとは「有り難さをキャッチする感度が高まっている」状態ではないかと考えています。心が変わると世界の見え方まで変わるのです。

「**閑坐聴松風**《かんざしてしょうふうをきく》」という禅語があります。静かにすわり、風が松の葉をゆらす音を聴く、という意味です。

「閑坐聴松風」は、坐禅をしているときの感覚そのものです。まるで自然と一体になったかのように心が澄み切り、それまで聞こえなかった微かな音や、見えなかった色が感じられるようになります。

季節が移ろい、草木の葉が色合いを変える様を愛で、小鳥のさえずりや虫の音に耳を傾けることができるようになるのです。

そのときの清々しさときたらどうでしょう。禅では「**自然は真理が丸出しになった姿だ**」と捉えます。

人間とは違い、自然は一切の計らいごとなく、ただひたむきに、そこに存在している。自然に触れた人間が、計らいごとを忘れ、清々しい気持ちにさせられるのは、そのためではないでしょうか。

こうした感度をもって日常を送れる人は、退屈とは無縁です。毎日が同じことの繰り返しのようでいて、実は1日として同じ日がないということをその身で理解しているからです。この世には何ひとつ当たり前のものなどなく、すべてが有り難いものだと知っているからです。

裏を返せば、**人生が同じことの繰り返しのように感じられ、不平不満がたまりはじめたら、心の感度が落ちている兆候**かもしれません。

考えすぎないコツ

坐禅で、体は動かないが、心は自由になる

「朝晩2回の坐禅が理想」と申し上げましたが、本当はどんな形でも、どんなペースでも構いません。坐禅は、感謝と共に生きることを教えてくれるのです。

○人生に「踊り場」をつくる

——ただ休むもよし、後ろを振り返るのもよし

何をするにも「生産性」第一。

より短い時間で、より多くの成果を生み出すことが善であり、非効率は悪である。

そんな風潮のなか**「休む」ことの大切さが見失われている**と感じます。

せっかくの休みなのに仕事のメールを返信してしまったり、遊びの予定を詰め込み過ぎてしまったり。そうして迎える月曜日の朝は、身体も心も重たいまま。休息中も生産性を求めるようでは、疲れはとれません。

休めと言われても休めない。あなたにも心あたりはありませんか。

それは「もし休んだら、この競争社会で負けてしまうのではと不安になるから」でしょうか。

それとも、「なんだあいつ、こっちは働いているのに」と同僚に非難されるのが怖いからでしょうか。

しかし人間は、生まれてから死ぬまで休みなく泳ぎ続けるサメやマグロなどとは違うのです。動き続ければ疲れがたまり、やがて止まるのは当然のなりゆきです。そうなっては、効率どころではなくなるでしょう。まわりの心配をよそに「まだ大丈夫、まだ大丈夫」と強がっているうちに、いつ限界が訪れるかわかりません。

「七走一坐《しちそういちざ》」という言葉を覚えておいてください。

直訳すれば「七回走ったら、一回座りなさい」ということ。休む大切さを教えてくれる禅語です。数百段になろうという長い長い階段も、一気に登り切ろうとすればうんざりしますが、踊り場にくるたび一息入れると、想像していたよりもずっと楽に登れるでしょう。体力が回復すれば、気力も戻ります。高いところからの景色を眺める余裕も生まれるかもしれません。

人生100年時代です。長い人生を生き切るため、ときには立ち止まることです。これは、たんに身体を休めるためばかりではありません。自分の**人生を振り返るためにも、ときには立ち止まらなければならない。**

心のなかに住まう「本来の自己」と対話したいと思っても、走りながらでは声が聞こえません。

とりわけ、**人生につまずいたときは、立ち止まる勇気を持つこと**です。遅れを取り戻そうと焦り、つまずいた原因を究明しないまま走り続けると、同じ過ちを繰り返すことになるでしょう。

「失敗を糧にする」ためにも、私たちには休息が要るのです。


これだけ言っても休めないあなたは、残念ながら、時間を「使う」人ではなく、時間に「使われている」人かもしれません。

唐の時代の趙州《じょうしゅう》従諗《じゅうしん》という禅師が、

「汝《なんじ》は十二時に使われ、老僧は十二時を使い得たり」

という禅語を残しました。十二時とは、今の24時間のこと。禅師は、

「あなたは時間に使われているけれど、私は時間を使い切っている。時間に対する取り組み方、姿勢が違うのだ」

と、弟子に説いたのです。

「時間に使われる人」とは、どんな人でしょう。例えるならそれは、これから10の仕

事をこなさなければいけないときに、

「ああ、忙しい、忙しい」と時間に追われてばかりの人だと思います。いつも気持ちに余裕がなく、作業を終わらせるのが精いっぱいで、作業のクオリティにまで頭がまわりません。また、時間の使い方に区切りがないのも特徴です。休む時間、働く時間、楽しむ時間の境目がなく、心身を回復させる暇もありません。

その点、「時間を使う人」は、余裕綽々《しゃくしゃく》です。

「この日は、頭が回る午前中に企画書をつくってしまおう。お昼を食べて、午後からは社内の打ち合わせを詰め込もう」

「今日は予定を早く済ませることができたな。思い切って仕事を切り上げて、家の用事を済ませようか」

などと、「この時間にはこれをやる」と自分で決めて、自分が決めた通りに仕事を終わらせていきます。

もしかしたら、仕事が進む速さそのものは、時間を使う人も時間に使われる人も、さほど変わらないかもしれません。違いが出てくるのは例えば、同じぐらいの仕事量を抱えたときの精神状態です。

追い詰められイライラすることなく、ゆうゆうと乗り切るのは、どちらか。

ミスなく、クオリティの高い仕事ができるのは、どちらか。

仕事を楽しみ、「仕事がある」有り難さを感じられるのは、どちらか。

答えはあきらかです。これまで何度も繰り返しているように、禅においては今この瞬間を「生き切る」ことを大切にします。それは、私たちに平等に与えられた1日24時間を「使い切る」ことと同義です。それができれば、不安も恐れも消えて、ただ「生きている」喜びに満たされるのです。


つまりは、**時間の使い方にも「主人公」であることが求められる**、ということでしょう。誰かに命じられるのではなく、自分のリズムで生きていくことです。

「この時間はこれをやる」と決めるのは、そのための一歩です。早起きの習慣が奨励されるのも、朝の余裕が心の余裕をつくるからです。朝の忙しさからも解放され、「何事も心を込めて丁寧に」したいと思うゆとりが生まれます。


そして「休み」を決めるのも、あなた自身です。自分が休みたいときに休めなくて、何が時間の主人公でしょう。仕事や家庭の用事を予定に組み込むのと同じ優先度で、休みの予定をスケジュールに書き込んでください。

「日本人は働き過ぎだ」と散々言われていますが、それは働くのが好きだからというより、休むのが下手だからという側面もありそうです。

例えば、休暇取得が許されている環境にいるにもかかわらず、「休むことに罪悪感を覚える」と言う人もいます。休んだら同僚や上司に迷惑をかける、休んだら評価が下がるかも、といった心配からのようですが、これも時間に「使われている」一例です。なかには「この時期は締め切りが続くから、まとまった休みは秋になってからにしよう」などと言って仕事を優先し、休みを後回しにする人もいます。

しかし、時間がたてば新しい仕事が入ってくるものですし、予定されていた納期が延び延びになることもしばしばです。結局**「仕事が終わったら、暇になったら休もう」と言っているうちは、いつまでたっても休めない**のです。

これでは、七走一坐どころではありません。仕事に打ち込むのも結構ですが、疲れがたまり仕事のクオリティを落としては、元も子もないでしょう。それでも仕事が大事なら、「仕事をより充実させるため」という理由でもいいので、休みをとりましょう。それには休みたい日を先に決め、その休みがとれるよう仕事を調整します。「1カ月後のこの日は休む」と先に決め、早め早めに仕事を片付けていくのです。

忙中閑あり、という言葉があります。この言葉は、多忙を極めるなかにも休みが「ある」という意味ではないのです。

時間の主人公ならば、休みは自分で「つくる」ものだと心得ましょう。

考え
すぎない
コツ

失敗を繰り返したくなければ、立ち止まる勇気を持つ

○お金は留めず「巡らせる」

――「もっとほしい」を脱する

足るを知る、という言葉があります。今自分が持っているもので十分だと思えるな

ら、心はいつでも幸福で満たされる。そんな意味です。

ところが、人間の欲望は際限がなく、一つ手に入れると、また次が欲しくなります。その次を手に入れたら、また次。結局、何を手に入れても、満たされないのです。それどころか、手に入れるほどに「足りない」ものばかりが目について、日々の不満は大きくなっていく可能性だって、あります。

こんな例え話をご存知でしょうか。

むかしむかし、2人の牛飼いがいました。1人の牛飼いは、99頭の牛を飼い、裕福な暮らしをしていました。しかし、牛飼いは満足できません。「あと1頭いれば100頭になる」のにと、思い詰めています。

もう1人の牛飼いは、3頭の牛を飼っていました。たった3頭ですが、家族と暮らしていくには十分です。牛飼いは、自分はなんと幸せなのだろうと思いながら、暮らしていました。

ある日、99頭の牛飼いが、3頭の牛飼いのところへやってきて、こう言いました。

「なんとかあと1頭牛を増やさないと、生活がくるしい。牛を1頭譲ってくれないだろうか」

3頭の牛飼いは、「2頭いれば、なんとか家族は暮らしていけるだろう」と、1頭の牛を譲ることにしました。

念願が叶い、100頭めの牛を手に入れた牛飼いは、「これでやっと幸せになれる」と満足して帰っていきました。

ところが、そんな満足はつかの間。100頭の牛飼いは、言いました。

「あと5頭増やして、105頭にしたら、もっと幸せになれるだろう」と。


あなたは、どちらの牛飼いが、幸せだと思いますか。

事ほど左様に、足るを知るのは難しい。どれだけ多くのものを手にしていても、「ないもの」に目が向かう限り、心は満たされることはありません。

あなたは今、どちらの牛飼いに似ていますか。


「足るを知る」が難しいものといえば、なんといっても「お金」です。

例えば、お給料が月に30万円としましょう。大金とは言えないかもしれませんが、一人がつつましく暮らしていくには、困らない額です。

この状態が、「足るを知る」です。

悩ましいのは、「足るを知る」人だったはずの人も変わりゆく、ということかもしれません。30万円というお金に慣れると、「あと5万円あれば広い部屋に住めるのに」と、35万円の暮らしが見えてきます。しかし、35万円の暮らしに慣れると、やはり「せめて40万円ないと、好きな服が買えない、老後のお金がためられない」などと、不満を口にするようになる。

30万円で満たされていたその人はどこにいってしまったのでしょう。

足りないなら稼げばいい。それはそうなのですが、**際限のない欲望を満たせるほど稼げるのか**、という話です。

つまりは、お金は欲しがれば欲しがるほど足りなくなり、「十分にお金がある」と安心できる日は遠のいていく。

そうであるならば、どこかで「線引き」が必要なのだと思います。自分はこれぐらいのお金があればいい、服はこれぐらいあればいい、と。思い切って、お財布のなかも整理してしまいましょう。

入れておくのは明日必要なお金とカードだけ。こうすると、買い物をするたびに「これは本当に欲しいものかな？」と振り返る習慣が身につきます。

そのためにも、自分自身と向き合い、自分にとって本当に大切なものを見つけなければなりません。同時に、それ以外のものを少しずつ排除していくことです。そうしてお金の使い方にメリハリをつけ、暮らしをすっきりさせると、心のなかもすっきりし、「あれもこれもほしい」という欲望が落ち着いてくるのです。

また、お金を稼ぐこと、蓄えることばかりに囚われてはいけない。

といっても、無駄遣いを奨励するわけではありません。広い意味で捉えれば、お金とは、**あなたの周囲に張りめぐらされた縁から生じているもの**です。

会社との縁、お客様との縁、仕事仲間との縁など、縁に恵まれた人は、お金にも恵まれる。世の中とはそのようにできています。

縁を育てるため、お金を「巡らせる」ことです。お金を自分の手元に留めず、誰かのために使うことを、忘れてはいけません。

もちろん、お金をどのように扱うかはあなたの自由、あなた一人の幸福を追求するために使うのも自由です。

あなたの**幸福を犠牲にしてまで、他人のためにお金を使う必要はありません。**しかし現実に、誰かが幸福そうにしているのを見て、あなた自身も幸せになるという体験をしたことがないでしょうか。

例えば、美味しい料理を家族で分かち合うとき、大切な人の誕生日にプレゼントを渡したとき、あなたに向けられる笑顔は、あなたがあなた一人のために使ったお金よりも、あなたを幸せにしてくれたのではありませんか。

もちろん懐ぐあいが許されるならですが、出張したら会社の同僚にお土産を買う、後輩たちの打ち上げに顔を出してお金を置いていくなど、人間関係の潤滑油としてお金を使うのもいいでしょう。誰かの幸せが、自分の幸せとして還ってくる。

これもまた、諸法無我の真理というものです。

考え すぎない **コツ**

お金は縁のために使うのが吉

○「老害」にならない

——閑古錐《かんこすい》を目指す

老害。自分が築き上げた立場や地位にしがみつき、若い人たちに譲ろうとしないシニアをそう呼びます。

最近、老害を非難する声のみならず、「老害になりたくない」という声も、大きくなっているように思います。

こうした、老いを恐れる心情はどこからやってくるのでしょう。生物学的に見れば「老い」は「死」に近づくことを意味しますが、恐ろしいのは死だけではありません。時代が求めるものとズレが生じ、自分が**「不要のもの」になるかもしれないという不安が、老いをより恐ろしいものにしている**のではないでしょうか。

老害になりたくないと努力する人にも、自分が老害になるはずがないと油断している人にも、若さにあふれ今まさに老害を批判している人にも、平等に「老い」は迫ってきます。

例えば、テクノロジーの進展はいつの時代も大半のシニアを置き去りにします。18世紀の産業革命のとき、機関車が走り始める以前と以後の仕事では、大きな隔たりがあったはずです。

いくら「昔の仕事はこうだった」とシニアが強弁しても、若者は「今と昔は違う」と一蹴したでしょう。ＡＩが日常に入り込んできた現代においても、同じことが起きているに違いありません。

単純な能力で比較すれば、いつの時代もシニアは若者にかなわないでしょう。最新のテクノロジーを使いこなし、新しい価値を創造するのは若者の役割です。しかし、だからといって、シニアの役割がなくなるわけではない。シニアの役割は、また別のところにあるのです。

禅語に「**閑古錐**《かんこすい》」という言葉があります。

古錐とは、使い古されて、先がまるくなった錐《きり》のことです。新しい錐は先がするどく尖り、すばやく穴を開けられる反面、使う人を傷つける恐れもあります。

それに比べると古錐は、穴を開けるのに時間は少々かかるかもしれませんが、けがをする心配は少ない。

この2つを比べて、どちらが良い悪いと即断できる人はそういないでしょう。**新しい錐にも古い錐にも役割がある、居場所がある。**それでいいのです。

同じことが人間にも言えます。確かに、年をとれば体力は落ちる。頭の回転は遅くなり、記憶力も落ちる。職場でも、新しい仕事を任されるのは若者で、自分は後方支援に回される。かつてのように働けない境遇を寂しく思う人もいるでしょう。

かといって、頼まれもしないのに若者にアドバイスをしたり、「自分はまだできる。今どきの若いものには負けない」などと自分の立場や地位に固執すると、それこそ老害呼ばわりされるのがおちです。

老いたものには老いたものとしての価値があるのです。そもそも「閑」とは「心安らいだ」状態のこと。禅の世界でも、修行を積んで円熟味を増した僧侶は閑古錐と呼ばれ、尊敬の対象です。

職場においても、閑古錐として自分が果たすべき役割を見つけられたなら、老害呼ばわりされる心配もないでしょう。

若者が自分から頼ってくるまでは、シニアは**出しゃばらず、「何もしない」**でいいと思います。

若者が自分で考え、工夫し、失敗を繰り返しながら成長していくのを見守りましょう。

それに、若者には若者なりに大事にしている仕事のやりかたや価値観があります。それを理解しないまま「それは違う！」「こうやってみたら？」などと自分の意見を押し付けても、若者はまず耳を貸しません。

しかし、若者が本当に困って頼ってきたら、話は別です。まずは、自分の意見を述べる前に、若者の話をよく聞くことです。

その後で、

「昔、似たような仕事で苦労をしたことがあってね」

「あのときは自分ひとりで終わらせようと頑張ったんだけど、その結果、多くの人に迷惑をかけてしまったんだ。今思えば、早めに白旗をあげて、周りに助けを求めればよかったかもしれないね……」

と、自分の経験を述べるのです。こうしなさい、ああしなさいと、**仕事の「答え」を授けることはできなくてもいい**と思います。

そもそも、そんなことができるとは思わないほうがいい。経験豊富なシニアにできるのは例えば若い人の「心情」に寄り添った話ができることです。若者が若者なりに考えるためのヒントや、「悩んでいるのは自分だけじゃないんだな」と思えるよう自分の失敗談を話すことではないでしょうか。

それが閑古錐の円熟味です。

考えすぎないコツ

老人にも、若者にも役割があり、居場所がある

○「如是《にょぜ》」で生きる

――教えることも、教わることも、尽きない

どうしたら、閑古錐になれるのでしょう。

私の経験則から言えるのは、常に心を開き、社会との関わりを持ち続けることだと思います。

特に男性は、定年を迎えると心にぽっかりと穴が空くことが多いようです。悠々自適といえば聞こえはいいですが、仕事にかわる生きがいを見つけられないと、こうなるのです。「すっかり歳をとったなあ」とひとりごちながらテレビをみて、たまに外出すると思えば、同世代の男性とばかりつるみ昔話をしている。

これは実につまらない。心に穴が空くのも当然でしょう。

一方で、まだまだ社会の役に立ちたいと願い、若い人たちと行動をともにしている人もいます。何かするといっても仕事とは限りません。

「**一日不作**《いちにちなさざれば》　**一日不食**《いちにちくらわず》」。一般的に「働かざるもの食うべからず」と訳される言葉

ですが、その訳は適切ではないと私は思っています。

働くことばかりが人の「なすべきこと」ではないからです。

「なすべきこと」は、ボランティア活動かもしれませんし、先祖から受け継いだ畑を耕すことかもしれません。いずれにせよ、自分がなすべきことをしたい、誰かのために自分を役立てたいと考えて行動している人は、生きがいを失うことも、老害になることもないのです。

なかには、若者と関わるのが生きがいだと明言する人もいます。例えば、教育機関で教える人もいれば、学生と一緒に楽器を演奏している人もいる。彼らは自分の知恵や経験を惜しみなく若い世代に伝えています。

若者に教えるだけではありません。彼らは若者に**「教わる」姿勢**も持っています。

自分だけの世界に閉じこもらず、むしろ若者たちが見ている広い世界に連れ出してもらうのです。

教わる楽しさに目覚めたら、しめたものです。将棋教室に通えば、小学生にもこてんぱんにやられるかもしれませんが、それもまた新鮮。いきいきとした老後になるか、内へ閉じこもる老後になるか。大きな境目は「教わる」姿勢です。

そのためにも、日頃から新しい世界に目を向けることです。きれいなものに触れたら「ああ、きれいだな」と心を動かし、面白いことがあれば「あれ、面白かったよ」と誰かに伝えましょう。

わからないことがあれば「わからないから教えて」と、若者が相手でも頭を下げること。これができれば、若者とも会話が弾みますし、若者の価値観や考えかたにも触れられるでしょう。

何歳になっても、よく見る、よく聞く、よく学ぶ。老害を防ぐ特効薬があるとしたら、これだと思います。


教えをこうのに、年齢や地位は関係ありません。ところが、見栄やプライドが邪魔をする人がいるのは、残念なことです。

「年下に頭を下げるなんて、いやだ」

「今更勉強するなんて、恥ずかしい、バカにされる」

なぜ？　と思うのですが、こんなことを口にするシニアが本当にいるのです。こういう態度では、外の世界に出ていっても煙たがられるでしょうし、学べるものも学べません。

特に、定年を過ぎて**職業や役職の肩書が外れたら、もう「ただの人」**です。

社長だろうが医者だろうが、弁護士だろうが、現役時代の肩書など、老後の生きがいの足しにはなりません。いいえ、本来はどんな人も始めから「ただの人」なのだと考えるべきなのでしょう。人は、誰かに肩書を与えられ、その肩書にみあった人間であろうとしているうちに、肩書が自分の本質だと錯覚してしまうのです。

そんな肩書が外れるということは、生まれたままの自分に戻るということ。仏教ではその姿を「如是《にょぜ》」と言います。

肩書に未練を残したまま生きるのか、新しい人生を選び学び続けるのか。閑古錐とは、勇気をもって後者を選んだ人でもあるのです。

考え
すぎない
コツ

老害を防ぐ特効薬は、
よく見る、よく聞く、よく学ぶ

○大切な人を「見送る」
――「あなたはどう生きる?」と故人は問いかけている

曹洞宗を開いた道元禅師がこんな言葉を残しています。

「たき木、はひとなる、さらにかへりてたき木となるべきにあらず。しかあるを、灰はのち、薪はさきと見取すべからず。しるべし、薪は薪の法位に住して、さきありのちあり。前後ありといへども、前後際断せり。灰は灰の法位にありて、のちありさきあり」(『正法眼蔵』の「現成公案」)

ここに「前後際断《ぜんごさいだん》」という言葉があります。

私たちは、薪と灰を見ればつい、薪が前の姿であり、灰は後の姿であるというふうに、**薪と灰をひと続きのものとして捉える**のがならいです。

「それではいけない」とするのが道元禅師です。薪は薪として、灰は灰として完結しており、薪と灰は連続していない。つまり前後は断ち切れているのだと道元禅師は説きます。

同じことが、生と死の関係においても言えます。

死は生の後の姿ではなく、生は死の前の姿でもない。生の延長線上に死があるのではなく、生と死は断ち切れています。

道元禅師ならば、こう言うかもしれません。

生きているうちは、「生き切る」ほかない。生きているうちに死を思っても意味がないのだから。そして、生き切った末に死が訪れたら、それを受け入れるしかない。そこで生が完結するのだから。

私たちは皆、いずれ死を迎える運命にあります。

しかし死を思い煩ってはいけない。今この瞬間を生き切ること、それだけを考えていればいいのです。仕事でも、勉強でも、趣味でもいい、今この瞬間にするべきことを全うすることです。裏を返せば、それ以外の自分の采配ではどうにもならないことをどうにかしようとするから、迷ったり不安になるのです。

思い通りにならないことは、仏様にお任せする他ありません。

良寛さんも、大地震にあった知人への見舞い状に、こんな言葉を記しました。

「災難に逢う時節には災難に逢うがよく候、死ぬ時節には死ぬがよく候、是はこれ災難をのがるる妙法にて候」

死ぬときがきたら、ただ死んでいけばよい。何も思い煩うことはないのです。

問題は、何をもって「よく生きる」とするのか、です。その答えはもちろん百者百様ですが、少なくとも、自分にとっての「よく生きる」を考える機会を持たなくては、答えを出せません。

身近な人の「死」は、そんな機会のひとつです。

長く生きれば生きるだけ、愛する家族や友人たちの「死」に触れる機会が増えていきます。大切な人の死はしばしば、残された人々の人生を大きく変えてしまいます。深い悲しみを背負うから、のみではありません。**大切な人を見送るという体験を通じて、自分の生を見つめ直すから**です。

人は、頭では「いつ死ぬかわからない」ことを理解しています。

しかし同時に、「明日も今日と同じ日が続く」ものと楽観してはいないでしょうか。

ところが身近な人の死は、私たちに「今日と同じ明日がこないかもしれない」という事実をつきつけるのです。

それはまるで、故人からの「あなたはこれから、どうやって生きていく?」という問いかけのようです。


私が申し上げたいのは、残された人々にはやるべきことがある、ということです。例えば、故人の思い出を語り合うこともそうです。仏教では、人の死には2種類あると考えられています。


1つは**肉体の死**。

もうひとつは、遺族や近親者、友人の**心から故人が消えるときの死**です。

これは、「たとえ肉体が滅びようと、人々の心に残る限り、生き続ける」ということを意味します。ですから、故人の思い出を語り合うことは、故人を二度目の死から救うことでもあるはず。残された人々もまた、こうした語らいを通じて「大切な人が亡くなった」という事実を受け止め、悲しみに区切りをつけることができます。

そして、故人の人生を思い、自身のこれからの人生を思うことも、残された人間の務め。

「あなたはこれから、どうやって生きていく?」
故人が遺した問いかけに、あなたならどう答えるでしょうか。

考え
すぎない
コツ

死は生の延長ではない

○「心の相続」を済ませる
――思い残しのない、安らかな死のために

人生を「生き切る」とは、言い換えれば「思い残し」をなくすことでもあります。そのための準備のひとつが「死に支度」です。最近は「終活」という言葉がポピュラーかもしれませんが、言わんとしているのは同じです。

死に支度というと、死を目前にした人がするものというイメージがあるかもしれません。

しかし私に言わせれば、**死に仕度は元気なうちに始めるのがいい**。目安としては、50歳から人生の終わりを見据えつつ、60歳から具体的に死に支度に動き始めるぐらいが、ちょうどいいでしょう。

現実的な問題として、老いが進み、病を得てからでは、満足な死に仕度はできません。60歳ならまだ、行きたいところに行き、食べたいものを食べ、会いたい人に会いにいくだけの気力体力があるでしょう。

「死に支度なんて縁起でもない、気が進まない」という気持ちはわかります。

しかし「いつ死ぬかわからない」という事実から目を背けていては、死の恐怖もかえって募るというもの。

逆に、死に支度を早めに済ませた人からは、「残りの日々を思うと、人生が愛おしくなってきた」という声が聞こえてきます。

死に支度は確かに死ぬための備えですが、同時に、死ぬまでの日々を有意義に生きるための備えでもあるのです。

では、死に支度とはどのようなものか。一般的には、死を前にしての心配を一つひとつ解消していくことを指します。

例えば、自分が死んだらどこのお墓に入れてほしいか、家や土地、現金などの財産を誰にどう分けるのかなど、いわゆる「相続」に関するものです。

特に財産分与は家族間の仲違いの種ですが、これらは遺言状によって明確に意思表示をしておくことで、おおむねトラブルを避けられるでしょう。

しかし、思い残すことなく旅立つには、そうした形あるものの相続だけでは足りません。**相続にはもうひとつ「心の相続」があるのです。**それは、自分が歩いてきた人生の道のりや、そこから学んだ経験を次の世代に継いでもらうことです。

先ほど申し上げたように、人の死には、肉体の死と、遺族や近親者、友人の心から、故人の存在が消えたときの死の2つがあります。心の相続は、二度めの死を遠ざけるためのものだと言えるでしょう。

そもそも本来の相続とは、心の相続のことを指すということも覚えておきましょう。

相続という言葉自体が、もともとの意味は、師匠が弟子に教えを伝えることであり、仏教に由来しているのです。

心の相続のため、ぜひしていただきたいのは、**「家族の歴史」の継承**です。自分の祖父母の話や、祖父母から聞いた先祖の話を、子どもや孫に聞かせるのです。

三世帯同居の世帯が普通だった時代は、祖父母から若い世代へと、家族の歴史が受け継がれていたものです。

しかし、核家族化が進んだ昨今は、家族の歴史の語り部がいません。それは、自分の代まで語り継がれてきた家族の歴史が、途絶えてしまうということ。

子どもたちが、自分たちのルーツを辿れないということ。先祖を二度めの死に追いやるような真似は、あなたもしたくはないはずです。そうであるならば、祖父母にかわり、あなたが家族の歴史の語り部になりましょう。

もちろん、あなた自身のことも書き残しておかなければいけません。

その手段として「エンディングノート」や「自分史」があります。

一般的にエンディングノートというと、通帳やハンコ、保険証などの貴重品類はどこにしまってあるか、最期を迎えたいのは自宅か病院か、亡くなったら誰に連絡するべきか等、死後の事務処理をスムーズにするための情報をまとめたものですが、遺族に伝えたい、心を込めたメッセージをしたためるのもよいでしょう。

自分史は、いわば自分の生きた証を残すことです。

というと大袈裟ですが、気負う必要はありません。

故郷のことや、幼い日々のこと、両親の思い出、打ち込んできた仕事のこと、家族との幸せな日々、苦しかった時期をどう乗り越えたか、追い求めていた夢のこと、縁のある人への感謝の気持ちなどを、率直に書けばいいのです。なかには、文章ではなく映像に残す方もいます。

あなたは、あなたの生涯をどんなふうに語り継いでもらいたいですか。

考えすぎないコツ

相続というのはお金だけではない。
心の相続も気にして過ごす

○病気とは「仲良くやる」

――悲観しない、楽観もしない

生きること、老いること、病むこと、死ぬこと。

これら生老病死の苦しみを「四苦」と言います。

現実の世界には、自分の努力ではどうにもならない苦しみがあります。もちろん、適度な運動、バランスのとれた食事、十分な睡眠によって、遠ざけられるものもあるでしょう。

しかし、それでもなお、老いは避けがたく、病むときは病み、死ぬときは死ぬのです。

禅は、自分では**どうにもならないことをどうにかしようとするから苦しいのだ**、と説きます。思い通りにならないことは、そのまま受け入れるしかない。それが生老病死と向き合うときの妙法だとするのです。

「放っておきなさい」。ひと言で言うなら、禅はそう教えています。

病気になったときも、そうです。放っておくといっても、治療をするな、回復を諦めなさいといった、単純な話ではありません。

病気になってもみだりに悲観せず、かといって楽観もせず、悔いず、恐れず、あなどらず、その時の自分に可能な範囲で、それまで通りの日々を生きるのです。
そのなかには、適切な治療を受けることも含まれています。

病気になった自分をただ受け入れる。そのお手本を私に示してくれた方がいます。私が心から尊敬し、長く親しくさせていただいた板橋興宗禅師、大本山總持寺《そうじじ》の貫首をされていた方です。がんを患っておられた禅師さんにお見舞いの手紙を差し上げたとき、こんなご返事をいただきました。

「がんになったのだからしかたがない。これからは、がんと仲良くやっていくよりないな。自分の身体がつくったがんなのだから。いやだいやだと思うと、どんどん身体が拒否をするだろう」

そうして禅師さんは、ほかの修行僧と同じように坐禅や作務《さむ》などを続け、93歳まで生き、最後は老衰で亡くなりました。臨終のときまで、病と仲良くしたのです。

そういえば、私の父も、亡くなる前日まで草取りをやり、当日も朝から境内の掃き掃除をして、それまでと変わらず忙しく過ごしていたのを思い出します。禅僧らしく、今を精一杯生きて、生きて、生き切った人生でした。

病を受け入れるとは、こういうことだと思います。

病をやみくもに恐れず淡々と、そのときの自分のできる限りを尽くして、生きたいように生きること。

健康だった頃と同じように、愛する家族や友人には笑顔を向け、感謝の気持ちを伝えること。それができれば、たとえ病が進み、目前に死が迫っても、人は幸福に生きることができると私は信じています。


私たちの多くは病を抱えながら晩年を送ります。

健康上の問題がない状態で生活できる健康寿命と平均寿命の間には、男女ともに10年前後の差があるのだとか。となると、**健康でいる努力と同じくらい、病と仲良くする努力も欠かせません。**

「**日々是好日**《にちにちこれこうにち》」という禅語が、そんな努力の助けとなるでしょう。

多くの人が勘違いしているのですが、この言葉は「毎日がよき日である」という意味ではありません。

「自分の心次第ですべての日がよい日になる」が本来の意味です。

例えば、人生には晴れの日もあれば雨の日もありますが、**晴れだからよい、雨だから悪いとするのは早計**です。

晴れには晴れのよさが、雨には雨のよさがあるからです。

初夏の長雨を鬱陶しいと思うか、それとも雨に濡れた紫陽花や花菖蒲をその季節ならではの美しさとしてみるのか、それはあなたの心がけ次第です。

病を避けられるならそれに越したことはないですが、病を抱えてしまったものは仕方がありません。

そうであるならば、病と仲良くしながら、病と共に、精いっぱい生きるまで。

考えすぎないコツ

健康でいる努力と同じくらい、病と仲良くする努力も必要

コラム

みんな完璧ではない　名僧エピソード

地味で影がうすい最澄

「道心の中に衣食《えじき》あり、衣食の中に道心なし（多少の苦しい道でも、愚直に歩みつづければ道は開ける。道を求める心があれば、経済的なことは自然とどうにかなる）」（最澄）

「道心の中に衣食あり、衣食の中に道心なし」とは、『伝述一心戒文』のなかにある最澄の言葉です。多少の苦しい道でも愚直に歩みつづければ道は開ける。道を求める心があれば経済的なことは自然とどうにかなる。そんな意味でしょう。仏教をきわめるという道が先にあり、衣食住はそのあとについてくる。ただ「お金のため」を追い求めてしまう現代人に対する警鐘ともとれる言葉です。

最澄は、同時代に活躍した空海とならんで、日本仏教界におけるスーパースターのような存在です。

最澄は、滋賀で生まれ、13歳で出家すると、国分寺というお寺に入門しました。東大寺の僧侶になったのが、19歳のこと。当時の僧侶は国家公務員のようなもので、そのまま東大寺で修行を続ければ、将来の出世は約束されたようなものです。それから数年間は比叡山にこもって修行に励んでいましたが、やがて桓武天皇に認められると、中国で本場の仏教を学ぶため、遣唐使として派遣されました。このとき、空海も遣唐使に加わっています。

中国にわたった最澄は天台山にて、法華経（天台宗の拠り処となる経典）や禅の教え、密教などを学びました。1年後に帰国すると、比叡山に延暦寺を開き、「誰でも仏になれる」と説く天台宗を広めました。当時、日本で影響力を持っていた奈良仏教は学問に近いもので、選ばれた僧侶のみが学ぶものであり、政治にも深く関与していました。最澄はそれを、本来の仏教のありかたに戻そうとしたのです。本章でも触れた「誰の心のなかにも仏性が宿っている」という教えは、天台宗からきています。

また延暦寺は、最澄が中国から持ち帰ったさまざまな仏教を学べる「総合大学」のような場所でした。延暦寺には全国から修行者が集まり、巣立っていきました。のちに浄土宗をひらいた法然、浄土真宗をひらいた親鸞、日蓮宗をひらいた日蓮、曹洞宗をひらいた道元など、多くの高僧が延暦寺で修行しています。延暦寺を仏教の総合大学とするなら、最澄は大学における「学長」のような存在だと言えるでしょう。

最澄はまた「一隅を照らす者は国の宝である」という言葉を残しました。一隅を照らすとは、自らが光となって周りを明るくする、という意味です。人間一人ひとりが、自らが置かれた場所で精一杯のことをする。その積み重ねで世の中はつくられていくのです。

こうした言葉からわかるように、最澄は愚直にして純粋です。だからでしょうか。相対峙していた空海のまばゆいカリスマ性と比べると、地味で影がうすいイメージもあります。また、空海から典籍を借りて密教を研究するが最後には「お経だけ読んでも身につくものではない」とたしなめられて訣別するとか、最澄の愛弟子だった泰範《たいはん》が離反し空海の弟子になった等、どこか「なさけない」エピソードが残っています。とはいえ、それもまた最澄の愚直さ、純粋さ故でしょう。

5章

「心配するな、大丈夫、なんとかなる」の魔法の言葉たち

○且緩緩（しゃかんかん）　あせらず、あわてず、ゆっくりと

且《しゃ》は「とりあえず、しばらく」、緩《かん》は、「ゆっくり、のんびり」の意味です。もともとは、早く悟りを開こうと焦るあまり質問ばかりしてくる弟子に師がかけた言葉だと言います。

私たちも、その弟子と同じような状況に置かれてはいないでしょうか。

私たちは日々、多くのタスクに追われています。目標に向かって走り続け、仕事に家事に勉学にと、早く結果を出そうともがいています。

しかし、そんな日々をいつまでも続けられるものではありません。「急いては事を仕損じる」のことわざどおり、何事もあせるとミスが多くなります。それに、一息つく時間さえ失われると、自分の生き方を振り返り、今ここにある幸福を味わう機会すら奪われてしまうでしょう。

「ああ、なんだかいっぱいいっぱいだな」

「大事なこと、忘れてないかな」

そんなときにつぶやいてみてください。「しゃかんかん、しゃかんかん」と。

そうして「ま、どうにかなるだろ」という気がしてきたら、目を閉じてふーっと深呼吸。

お茶やコーヒーを一口、ゆっくり味わうのもいいでしょう。友人や同僚と会話をしているときも、反射的に言葉を返すのではなく、相手の言葉を受け止めて、自分の中で咀嚼する時間をとりましょう。

あせらず、あわてず、ゆっくりと。周囲と同じ速度でなくてもいい、**自分ができることをやり続ければ、それでいい**のです。

努力は報われる、頑張れば結果が出るという考えが私たちの心に根付いて、ずいぶんたちます。それゆえに「成果が出ないのは自分の頑張りが足りないからだ」と自分を責めてしまうこともあります。

しかし、人生をある程度生きていれば、世の中には自分一人の力ではどうにもならないことなど、いくらでもあることがわかってくるでしょう。

適度な運動と栄養バランスのとれた食事をしていても病気にかかるときはかかりま

す。

全身全霊を仕事に捧げたくても、その機会を何者かに奪われてしまうこともあります。私たちは新型コロナ禍でそれを思い知ったはずです。

どうにもならないことをどうにかしようと頑張っても空回りするばかり。ただ「のんびりやる」しかないことも、時にはあるのです。

そういえば、1章で紹介した一休宗純のエピソードにもありました。87歳で亡くなる直前、一休は弟子に「困ったことになったら開けなさい」と手紙を渡しました。その手紙に書かれていた文言が「心配するな、大丈夫、なんとかなる」。

一休は正しく「且緩緩」の人でもありました。

考え
すぎない
コツ

ただ「のんびりやる」しかないこともある

○時時勤払拭（じじにつとめてふっしきせよ）

部屋も心もこまめに掃除を

人は生きている限り、さまざまな失敗や過ちを犯します。誰かを傷つけることもあれば、自分自身の期待に応えられずに落胆することもあるでしょう。

人間に完璧を求めるのは現実的ではありません。仏教では、人間はみな「三毒」に囚われている、と考えられています。

三毒とは、貪《とん》・瞋《じん》・痴《ち》のこと。

貪は何でも欲しがる**「むさぼり」の心**、瞋はつまらないことで爆発する**「怒り」の心**、痴は、物事の正しい判断ができない**「おろか」な心**のことです。

禅の修行は、これら三毒の克服のためでもあるのです。

しかしながら同時に、私たちのなかには「よく生きよう」という清らかな意志があります。だからこそ、その意志が果たせなかったときに、私たちは心が汚れたかのような、後ろめたさを覚えるのでしょう。

「よく生きよう」という意志があるならば、いつまでも罪悪感にとらわれていてはいけない。心が汚れるたびに心を磨き、歩き続けることが肝心。「時時勤払拭」とは、そのような意味の禅語です。

心が汚れるのは避けがたくても、汚れを「ためこまない」でいることはできるはず。これまた、掃除の習慣と同じです、一拭きできれいになるような部屋の汚れを1年間ためこむから、年の瀬の大掃除が面倒なものになるのです。毎日こまめに掃除をしていれば、そんな苦労とは無縁でいられるのに。

もちろん、この社会で生きていく限り、過去の過ちを振り返ることは大切だと思います。

しかし、それは「いつまでも自責の念のなかにとどまるべきだ、過去を引きずるべきだ」という話ではないでしょう。人の記憶というものは、繰り返し思い出すほどに、より強く定着してしまう性質を持っています。

心の汚れもまた、こねくり回しているうちにますますしつこく心にこびりつくかもしれません。

そうなる前に、心を清めることです。そうして、頭を「後悔」から「検証」に切り替え、「今、どう生きるべきか」に意識を向けましょう。

考え
すぎない
コツ

心の汚れもこねくり回すと、こびりつく。

すぐに清める習慣を

○脚下照顧（きゃっかしょうこ）　履物をそろえて、心を整える

禅寺の玄関に「脚下照顧」の張り紙や木札が立てられていることがあります。

これは文字通り「履物をそろえなさい」の注意書きとして捉えてもいいのですが、本来の意味は別のところにあります。

鎌倉時代の禅僧、三光国師が弟子に禅の極意を問われて、ただ一言「脚下照顧」と答えたことが由来です。

脚下とは自分の足元のこと。照顧とは照らし顧みよという意味です。つまり脚下照顧は「自分の生き方を見つめ直しなさい」という教えでもあるのです。

人間はとかく、先のことばかりを考えがちです。

明るい未来や叶えたい夢や目標に目を奪われますし、「ああなったらどうしよう、こうなったらどうしよう」という不安も、未来を憂うことで生じます。

すると、「履物をそろえる」という、目の前の所作を見失ってしまうほど心のゆとりがなくなる。

自分自身の行いが見えなくなるのです。

履物をそろえられないぐらいですから、他の何が乱れていても不思議ではありません。

そうならないよう、三光国師は「足元をお留守にするな」と説いたのだと思います。

未来に気を取られて、肝心の「今」がおろそかになってはいけません。

こうした話をすると、「私には夢があるんです。そんな目の前のつまらないことなんて、どうでもいいじゃないですか」と反論したくなる人もいると思います。

もちろん、夢を持つのは結構なことです。

しかしながら、その夢まで一足飛びに向かうことは誰にもできません。

誰もが、一歩一歩しか夢には近づけないのです。未来は常に「今」の延長線上にあります。夢を叶えるためには、そのような「今」を精一杯生きるほかに、道はないのです。そのように考えれば、夢＝未来の実現に向かって努力することと、今を大切にすることは、なんら矛盾しません。

どのようなときであれ、自分が脱いだ履物をそろえられる程度のゆとりは持ちたいものです。

それは、自分の行いを顧みるためのゆとりであり、未来へ続く道を過たず歩んでいるかを確認するためのゆとりなのです。

これは「心にゆとりを持ちたいと思うなら、履物をそろえるところから始めなさい」という教えでもあります。

特に、人目につくかもしれない玄関にある履物の乱れも気にならないようでは、自分の心を整えられるはずがありません。日々の何気ない言葉遣いや立ち居振る舞いも、見直しましょう。

「人間は元来弱く、だらしがない生き物だから、意識して自分を『箍』にはめる必要がある」というお話をしました。

箍とは、簡単に言えば「何事も心を込めて丁寧に」行うよう、努めること。

丁寧な暮らしは、自分の足元から始まるのです。

考えすぎないコツ
足元を気にできるくらい、心のゆとりを持つ

○也太奇（やたいき）　みずみずしい心に「退屈な毎日」はない

也太奇とは、例えば、美味しい料理を食べたとき、美しい景色を目の当たりにしたときなどに「おお！」とか「うわー」とか「素晴らしい」と、思わず口にしてしまう感嘆のことです。

私たちが感嘆の声をあげるのは、心が動いたときです。

しかし、人間、長く生きれば生きるほど多くを見聞きしますから、**新鮮な驚きというものが目減りしていく宿命**にあります。

あなたも心あたりがないでしょうか。

誰かが「なんて素晴らしいんだ！」と声をあげている隣で、自分は「なんだ、またこれか」と退屈している。

大好きな作家の新作を読んでも以前のようにどきどきしない。手間暇かけて料理をつくっても「美味しいけど苦労の割に……」と今ひとつ盛り上がらない。

ところが、一方ではどんなことにも感動できる人がいるのです。

毎年同じように咲く春の桜を眺めても「今年の桜もなんてきれいなんだろう」と声をあげる。毎朝同じお茶を飲んでいるのに、毎朝「ああ、おいしい」としみじみする。

誰かのアドバイスを聞けば「でも」「だって」と言い訳せず、「それはいい！」とすぐ試してみる。

違いは、素直に心を動かせるかどうかです。私たちが生きる喜びの多くは、そこにかかっているのではないでしょうか。

そうであるのに人はなぜ、歳を重ねると感動が薄れていくのでしょう。

それは、日々の繰り返しのなかで私たちの感受性が鈍くなり、心がこわばるからです。毎日通る道の風景も、よく見れば季節の移ろいを感じることができるのに、「いつもと同じ」と思えばそうとしか見えなくなってしまう。

それは**習慣のこわさ**です。

「いつもと同じ」であることは、予期せぬストレスから私たちの心を守ってくれる一方で、心の柔らかさ、みずみずしさを奪ってしまうのです

しかし、心配はいりません。あらためて「今、この瞬間」に目を向けることができれば、心は柔らかさを取り戻すでしょう。

例えば休日に、近所の公園を歩いているときも、「明日は残業になりそうだな……」などと余計なことに気を取られていると、足元に小さな花が咲いていることを見逃してしまいます。

それが「今、この瞬間」にすべてを注ぐと、「あ、こんなところに」と花が目にとまる。昨日と同じだったはずの公園が一変し、世界に奥行きが出てくる。

そこで発するのが「也太奇、也太奇」、というわけです。

私たちが他人と接する時も同じです。

長い付き合いのある友人や家族が気安いのは、いつも同じような態度で接してくれるからです。その気安さは、歳をとればとるほど有り難いものですが、「いつも同じ」故に刺激が減じていくのは否めません。

しかしこれまたあなたが何をどう見るかにかかっています。あなたに見せていない顔が、友人や家族にもあるのではないですか？

それをあなたが見ていないのは、あなたが見ようとしていないからでは？

あなたが最近、感嘆の声をあげたのはいつでしょう？

考えすぎないコツ

素直に感動できる人になろう

○我逢人（がほうじん）

生きる喜びも苦しみも「出会い」から始まる

人と出会うこと。言葉を交わし、手をとりあい共に事をなすこと。それは、楽しいばかりではないかもしれません。たとえ親しい家族や友人が相手であっても、性格も価値観も異なる他人であることには変わりがない。

これから出会う見知らぬ誰かも、あなたにとって心地よい人ばかりではないと思います。

街なかで偶然すれちがった誰かや、家が隣り合った誰かに深く傷つけられることもある。人生の苦しみ、悲しみの少なくない部分は他人がもたらすものと言ってもいいでしょう。多様性が尊重される世の中は、同時に、異なる生き方や価値観を持った人たちが共存する難しさをはらんでいます。

それでもあきらめずに、他者と共に生きる術を模索し続けるのはなぜなのか。人里離れた山奥で仙人のような暮らしをしていれば、他者がもたらすストレスとも無縁でいられるかもしれないのに、誰もそれを望まないのは、なぜか。

山奥では不便だから、生活に支障があるから、ではないはずです。人との関わりが、試練をもたらすものであると理解しつつも、人生の喜びもまた人がもたらすものだとよく知っているからではないでしょうか。

「我逢人」とは「我、人と逢うなり」の意で、人と出会うことの尊さを示した禅語です。たとえどのような出会いであっても、出会いは必ず何かを生みます。

すべての物事は出会いから始まる。

その尊さと喜びが込められています。ちなみにこれは道元禅師の言葉です。中国にわたった道元は、天童山景徳寺で天堂如浄《にょじょう》禅師に出会い、本当の師を見つけた感動のあまり「まのあたり先師をみる。これ人に逢ふなり」という言葉が、口からあふれたのです。

出会いとは一つ残らず奇跡なのです。**どんな出会いも感謝するべきもの**であり、蔑ろにはできません。

たとえそれが誤解や衝突から始まる出会いであっても、相手の言葉を受け止め、

「この縁を、どうしたらいいものにできるだろう？　どうしたらお互いに気持ちよくいられるだろう？」と試行錯誤することはできるはず。

そのなかで私たちは影響を与え合い、信頼関係を育み、かけがえのない存在になるのです。

人と出会うことを、恐れてはなりません。その出会いをもたらしてくれた縁に感謝し、自分の成長の機会となるよう努めましょう。

考え すぎない コツ

どんな出会いも感謝するべきもの

○柔軟心（にゅうなんしん）　ときには「流される」のも悪くない

ああなりたい。こうなりたい。ああすべきだ。こうすべきだ。

こうした思いの強さは、すなわちその人の成長意欲、信念、責任感の強さを示していると言ってもいいでしょう。しかし、思いが強ければ強いほどよいとは思いません。なぜなら**「〜するべき」という思いは、見方を変えると「執着」**であり、一つの考えに「囚われている」とも言えるからです。

この執着は、ときに心を固くさせ、人を追い詰める危険をはらんでいます。人は「〜するべき」なのにできないとき、自分を責めてしまうからです。

例えば、多くの人は「健康のために毎日運動するべき」だと知っています。一方で、仕事に家庭に忙しく、なかなか運動を続けられないのが現実です。「今日から運動するぞ！　ダイエットするぞ！」と宣言したところで、三日坊主で終わることがほとんどでしょう。

それでも普通の人は、「まあ、今日は疲れてるし、仕方ないよね！」と気楽に構えていられるもの。長い人生を健やかに生きていくためには、そうしたいい加減さ、おおらかさも必要です。

ところが「一度決めた約束は守り抜くべきだ」という思いが強すぎると、運動を続けられなかったときに「自分はダメなやつだ」と思い詰めたり、ダイエットの成果が出ないと「あれだけ頑張って何も変わらないのか」と、不平不満をため込んだりするのです。

それで結局、運動そのものをやめてしまう。後に残るのは「〜べきなのに、できなかった」自分、自尊心が傷ついた自分だけです。

つまり、こういうことです。**強すぎる信念は、コンクリートのように硬そうに見えてその実、もろい**のです。しなやかさがなく、一定以上の力が働くとポキンと折れてしまいます。案外、大した信念もなしに「まあ、なんとなく気持ちいいから」で身体を動かせる人のほうが、運動も続きやすいという話もよく聞きます。


思い通りにいかないのは、運動だけではありません。

むしろ、この世は、自分の思い通りにいかないことばかり。

お釈迦様は、人生は苦であるとして、避けては通れない生老病死を「四苦」と呼びました。生きること、老いること、病むこと、死ぬこと、どれをひとつとっても、思い通りにはいかないのが当たり前。「こうあるべきだ」と願っても、どうにもならないことがあるのです。

どうにもならないことは「ああなりたい。こうなりたい。ああすべきだ。こうすべきだ」といった執着を捨て、そのまま受け入れるほかありません。そのあとにできることはといえば、「どうにかなるさ」とつぶやいて、状況に流されることだけ。

このようなしなやかな精神を、禅では「柔軟心《にゅうなんしん》」と言います。状況に流されるといっても、「そのまま流されていろ」という話ではありません。いったん流されてみることで新たに見えてくるものがあると言いたいのです。「〜すべきだ」といった固定観念に囚われていると、視野が狭くなり、マイナスの状況をプラスに転じるための一手も見つけられません。

やわらかな心とは、物事をさまざまな角度から眺められる自由な心のことでしょう。そのためには「ああなりたい。こうでないといけない」という執着から一時でも離れてみること。コンクリートの硬さではなく、竹のようにしなやかな心を養うこと。それは、決まった姿形を持たず、状況にあわせて姿を自在に変えられる心とも言えます。

ああなりたい。こうなりたい。ああすべきだ。こうすべきだ。そんな思いがあなたを追い込み、息苦しさを覚えたときは、ひとまず立ち止まりましょう。そうして空を見上げ、「どうにかなる、どうにかなる」とつぶやくのです。

「どうにかなる」でやわらかくなった心ならば、「さて、どうしようか」も、ゆっくり考えられるような気がしませんか。

考え
すぎない
コツ

思い通りにいかない世の中で、おおらかに生きる

○冷暖自知（れいだんじち）　一つ動けば、一つ成長できる

目の前にあるコップに注がれた水は冷たいのか、温かいのか。

そんな些細なことすら、見ているだけではわかりません。実際に飲んでみるか、手を触れてみる以外に、冷暖を知る方法はない。

「冷暖自知《れいだんじち》」とは、そんな意味の禅語です。

何事も、そうなのだろうと思います。

要は、考えることより、動くことが大切。本書は、禅にまつわるさまざまな言葉、考えをできるだけわかりやすく紹介しました。ですから読んでいただいて「なるほど、

そうか！」と思ってくださるのはうれしいのですが、頭に知識を入れたのみでは悟りに至りません。

少しでも実践に移し、身体で会得してこそ、悟りと言えるのです。

ネットで何でも調べられる時代になり、部屋でスマホを弄《いじ》っているだけでも「禅とは」「悟りとは」「丹田呼吸とは」と語れるようになりました。しかし、情報を集められることと、「わかる」ことは、天と地ほどにも違うのです。

例えば、「『今、落ち着きを失っているな』と感じたら丹田呼吸をすればいい」という知識だけ覚えていても、いざその場面に遭遇すると、思うようにお腹に呼吸を落とせないでしょう。

あるいは「観音様のように人の話を『聞く』のが大事」と自分に言い聞かせていても、「おれだったらこうするね」などと求められてもいないアドバイスをしてしまったり。

これればかりは、実際に試しながら成功と失敗を積み重ねていく以外に方法はないのです。**禅が何より「実践」を重んじる**のはそのためです。

疑いながら、迷いながらでもまったく構いません。むしろ、行動することで「あれ、本で読んだ通りにはいかないぞ」「これって、うまくできてるのかな？」「書いてあることがおかしいんじゃない？」といった新たな迷いが生じると思います。

それでも、大丈夫です。

行動によって生じた**迷いは、次の行動によって打ち消せばいい**のですから。すべての迷いが一挙に晴れることはありません。しかし少なくとも、一つ動けば、そこで得られた経験が一つ迷いを消してくれるはず。

一つ動けば、一つ成長できる。

それは、禅が「禅即行動」を説く理由そのものでしょう。

考え
すぎない
コツ

目の前のコップの水でさえ、触らないと冷たいかどうか、わからない

○白雲抱幽石（はくうんゆうせきをいだく）

自然のなかで「ひとり」になる

四方を大自然に囲まれた環境ほど、「ひとり」の時間の豊かさ、贅沢さを味わえる機会もありません。僧侶のなかには山中で隠遁生活を過ごした者が少なくないですが、彼らはそのことをよく知っていたのだと思います。

願はくは　花の下にて　春死なむ　その如月の　望月の頃

という西行の歌にも、その一端が表れてはいないでしょうか。「死」をうたいながらも、現世において私たちを惑わせる執着や悩みから解放されて、爽やかでさえあります。

「白雲抱幽石《はくうんゆうせきをいだく》」とは、空には白い雲が浮かび、幽玄な巨石をやさしく抱いている風景を描写した禅語です。寒山《かんざん》という唐の時代の僧侶が、世間との関わりを断って隠遁生活を過ごした風情を詠んだものですが、ここにも、孤独の寂しさは微塵も感じられません。

忙《せわ》しない日々のなかで、自分を見失いそうになったときはどうしたらよいか。一人自然のなかに佇む時間を持つことです。

もちろん、山や高原、海辺などに遠出するのもいいですが、自宅そばに一人過ごせる空間はありませんか。

例えば、緑が多い公園のベンチ。そこで鳥のさえずりや風の音を聞くだけでも、頭のなかの靄が晴れていくようです。

神社仏閣もおすすめです。

郊外の大きな神社やお寺はもちろんのこと、都市部にあるお寺も、自然の恵みであふれている場合があります。

そこでは、人ではない大きなものが守ってくれているような、自分がちっぽけな存在に感じられるような、厳かな空気が流れています。何より、日本にあるお寺は7万5000寺、神社はもっと多く、その数はコンビニエンスストアよりもはるかに多いのです。

それならば、毎日の通勤・通学の途中やお昼休みに立ち寄って参拝するなどたやすいことでしょう。これを日々の暮らしに生かさない手はないと思います。

お参りは、神社なら二礼二拍手、お寺は合掌して一礼するのみがお作法ですが、細かいことは気にしなくて構いません。**仏様の前で手を合わせた瞬間、人は誰もが「ひとり」になります**。

心は澄みわたり、「本来の自己」が姿を表すでしょう。街の喧騒から離れた境内に身をおくだけでも日常の悩みが遠ざかり、気持ちがすっきりとします。

周りの人々がいそいそ歩いているなか、自分はあえて足を止め、手を合わせること。それもまた、贅沢な「ひとり」の時間なのです。

考え すぎない **コツ**

自然の中にいると、孤独も贅沢な「一人時間」に変わる

○柳緑花紅（やなぎはみどりはなはくれない）

自分も他人も変えようとしない

「比較をしてはいけない」と説くのが禅ですが、私たち人間ときたら、他人と自分を比べては、争ったり、嫉妬したり、つまらないことで心を騒がせているのは、どうしたわけでしょう。

ただ無心に、ほかの誰でもない自分の命を生きればいいのに、なぜそれができないのでしょう。

惑いながら生きるのが人間の定めとも言えますが、ここはひとつ、惑わず生きる「お手本」が欲しくもなります。

「柳緑花紅《やなぎはみどりはなはくれない》」。木々は緑色に萌え、紅く咲き誇る花という風景を描写した禅語です。当たり前といえば当たり前ですが、いつの世も変わらない自然の美しさが、そこにあります。

しかし、自然の美しさとは目に見えるものばかりではないでしょう。自然は、人間のようによそ見をすることなく、かけがえのない命を燃やしています。

何者にもおびやかされないその姿は、いつの世も私たち人間にとって学び多きもの。禅にも**「自然は真理が丸出しになった姿だ」**という考え方があるのは、そのためでしょう。

同時に、本来は人間も柳の緑であり、花の紅であるということを、忘れてはいけないと思います。

人にはそれぞれ個性があり、緑を紅に変えようとしたところで、はじめから無理があるのです。また、柳の緑と花の紅どちらが美しいかと比べるものでもない。柳の緑も花の紅も、そしてあなた自身も、ありのままが尊いのです。

考え
すぎない
コツ

あなたも、自然も、ありのままが尊い

○大道通長安（だいどうちょうあんにつうず）

あなたの幸福は、あなただけのもの

あなたの幸福や成功はあなただけのものです。他の誰かの幸福や成功を手にしたところで、あなたを満足させることはありません。それでは他人の人生を生きているだけであり、自分の人生の「主人公」とは言えません。

「**回光返照**《えこうへんしょう》」という禅語は「外ばかり見ていないで、内なる自分の心を光で照らしなさい」という意味です。自分は何をしたいのか、どう生きたいのか、そのために今何をするべきなのか。その答えはあなたの心の中。「本来の自己」の声に耳をすましていれば、世の「普通」「常識」「王道」「平均」「当たり前」などに惑わされはしません。

ただし、あなたにとっての幸福や成功も、ひとつではないはずです。時には、望んでいた何かを手に入れられないことがあるかもしれません。あるいは、手に入れたすべてを失ってしまうこともあるでしょう。

大切なのは、そこで投げやりにならないこと。再び選んだ道の先に、何が待ち受けているのかは誰にもわかりません。

またしても障害にぶつかるかもしれませんが、そのときはまた、自分で選べばいい。別の道を選ぶのも、障害を乗り越えるのも、あなたの選択に委ねられています。

人生は、そうした選択の連続です。

ときには、無数の選択肢の前に足がすくむことがあるかもしれません。それでも「自分で選ぶ」ことから逃げてはいけません。

「大道通長安」とは、**どんな道を進んでも真理にたどり着ける**という意味です。

かつて、唐王朝の都長安は、多くの人が憧れる街であり、すべての道が長安に通じるかのようだったと言われます。皆が好んで歩く大きな道、歩きやすい道ばかりが、道ではないのです。

たとえ細い道、険しい道であっても、あなたが選び、あなたらしく歩み続けている限り、あなた自身の幸福にはたどり着けることでしょう。どのような道を選んでも構いません。

自分で選んだ道をひたむきに生きれば、どのような道であれ、人は人生の主人公になれるからです。自分だけの人生を生きる幸福は、誰もが味わうことができるからです。

禅では、良い・悪いといった判断（分別）をせず、「すべての物事は絶対である」と説きます。道が無数に分かれていても、**あなた自身が選んだものであれば、それが「正解」**なのです。

選んだあとはひたすらに歩き続けるのみ。その先にあるものがあなたの幸福なのです。いいえ、たとえ道半ばで倒れたとしても、そこまでの道のりこそがあなたの人生であり、幸福なのです。

考え
すぎない
コツ

自分で選んだ道であれば、どんな道でも幸せになれる

特別付録

白幽仙人に教わった「内観の法」と「軟酥《なんそ》の法」

白隠禅師が白幽仙人に教わったとされる「軟酥《なんそ》の法」や「内観の法」は、今の日本の健康法の「はじめの一歩」ではないかと思います。

基本は34ページでも解説した丹田呼吸法です。軟酥（バターに似た乳製品）を頭の上に乗せて丹田呼吸をし、軟酥が溶けていく様子をイメージします。溶けたものが顔を伝い、脇の下から胸へと流れて気海丹田へ、それがつま先まで到達すると、身体全体が温まるのです。

ここで言う「気海丹田」は「臍下《せいか》丹田」のことで、へそ下2寸5分から3寸の位置にあります。東洋医学では丹田が身体の中心であり、身体中の気が集まるところと考えられています。鍼灸師も丹田に灸をすえますし、私たち禅僧が坐禅をするときも、丹田に気を集中させるのです。ちなみに「軟酥の法」は、中国の「気功」にも通じる部分があるようです。軟酥の法では頭の上に軟酥を乗せますが、気功をおさめた人に聞いた話では、気功では「お尻の下に火があり、その火であぶられるイメージ」で、背骨を通じて身体全体を熱くするのだとか。

一方、内観の法は簡単に言うと「寝てする禅」です。『夜船閑話』には次のようにあります。「第一に工夫も、公案も、すべて投げ出し、先ず熟睡するのが一番。眠りに就く前に、両足を長く伸ばし、両方の踵（かかとのこと）を踏みそろえ、一身に籠っている元気を、臍から気海、丹田、腰、脚から足の裏まで充実させること」。要は、寝る前に全身をリラックスさせながら、丹田から腰から脚、そして足の裏までを意識して深い呼吸をする、ということです。「この内観法を1週間ないし3週間続けることによって、体の底から平癒する」「もしそうならなかったら、老僧の頭を斬って行け」と白隠禅師は自信満々に書いています。

【著者紹介】
枡野俊明（ますの　しゅんみょう）
1953年、神奈川県生まれ。曹洞宗徳雄山建功寺住職、庭園デザイナー、多摩美術大学名誉教授。大学卒業後、大本山總持寺で修行。禅の思想と日本の伝統文化に根ざした「禅の庭」の創作活動を行い、国内外から高い評価を得る。芸術選奨文部大臣新人賞を庭園デザイナーとして初受賞。ドイツ連邦共和国功労勲章功労十字小綬章を受章。また、2006年『ニューズウィーク日本版』にて「世界が尊敬する日本人100人」にも選出される。近年は執筆や講演活動も積極的に行う。主な著書に『仕事も人間関係もうまくいく放っておく力』『心配事の9割は起こらない』『小さな悟り』（いずれも三笠書房《知的生きかた文庫》）、『傷つきやすい人のための図太くなれる禅思考』（大和書房《だいわ文庫》）などベストセラー・ロングセラーが多数ある。

考えすぎないコツ
「気づいて」「ほどいて」「放っておく」人生を軽くするシンプルな本質

2024年12月31日　第1刷発行
2025年6月17日　第4刷発行

著　者——枡野俊明
発行者——山田徹也
発行所——東洋経済新報社
〒103-8345　東京都中央区日本橋本石町 1-2-1
電話＝東洋経済コールセンター　03(6386)1040
https://toyokeizai.net/

装　丁………小口翔平+後藤司（tobufune）
ＤＴＰ………美創
製　版………朝日メディアインターナショナル
編集協力……岩下賢作事務所／東雄介
印　刷………TOPPANクロレ
編集担当……寺西鷹司

Printed in Japan　ISBN 978-4-492-04785-9